JN024701

京都文教大学地域協働研究シリーズ ②

多様な私たちが
ともに暮らす地域

障がい者・高齢者・子ども・大学

松田美枝 編著

ミネルヴァ書房

巻 頭 言

　浄土宗の宗門関係学校である本学は，大乗仏教の菩薩の精神「四弘誓願」を建学の理念としているが，これを易しく言い換えれば，「ともいき（共生）」と表現できる。「ともに生かしあう／ともに生き活きする」という意味である。昨今，大学の使命は，教育・研究・社会貢献といわれているが，この三つを建学の理念「ともいき」で考えると，本学の進むべき方向性は自ずと定まってくる。

　教育と研究，研究と社会貢献，そして社会貢献と教育のともいき，さらには教育・研究・社会貢献の三者のともいきが考えられるが，それを実現したのが COC（Center of Community）の取り組みであった。これは文部科学省の「地（知）の拠点整備事業」（大学 COC 事業）のことで，地域の拠点となる，特色ある事業を展開する大学に補助金を出す制度だが，本学は10倍近い難関を突破し，2014年度に採択された。

　私が副学長をしていた2013年，建学の理念を具現化するためにこの補助金を活用しようと考えて申請に踏み切ったが，その年は残念ながら不採択。しかし翌年，学長就任を機に再チャレンジして見事に成功し，以来5年間，皆で力を合わせ，必死で駆け抜けてきた。

　本学は開学以来，「現場主義教育」を重視してきた。学びの特色は，フィールドワークや参与観察など，「現場での学び」と「大学での学び」を往還しながら知を深めていくところにあったので，COC 事業の展開は必然だったとも言える。この COC 事業採択を機に，様々な「ともいき」を加速させ，その精神を具現化してきたが，今回それを「研究成果」としてシリーズで発刊できることは，学長として望外の喜びだ。脇目も振らずがむしゃらに走ってきた5年間，研究成果の発刊は私にとって抽象的な夢でしかなかったが，それが今，夢ではなく現実になった。

　本事業に関わってくださった教職員，学生，そして地域の人々に，ただただ感謝するばかりである。京都府南部という限られた場所ではあるが，ここに大学と地域，産・官・学・民の「ともいき」の輪が実現した。願わくば，この輪がさらに広がり，またこの研究成果が他の地域において「ともいき」の輪を発生させる参考になれば幸甚である。

2019年7月

京都文教大学学長　平岡　聡

叢書刊行にあたって

　本シリーズは，2014（平成26）年度から開始された，文部科学省の補助事業である京都文教大学「地（知）の拠点」事業（COC事業およびCOC＋事業）並びに地域協働研究教育センターの研究支援によって実施された「協働研究＝地域志向ともいき研究」の成果を中心に構成されている。とくに，第1巻から4巻までは，大学を核とした地方創生をめざす「地（知）の拠点」事業の本学としての中核を成す，地域のニーズと大学のシーズをつなぐ5年間で，延べ81件の共同研究の成果に基づくものとなっている。

　「地域志向ともいき研究」は，本学の建学の理念である「共生＝ともいき」を地域で具現化する取り組みであり，その制度設計自体に様々な工夫と特徴がある。研究者，行政，企業，NPO，地域団体，住民などの多様な主体が研究班を構成し，地域に関わる研究に取り組むことで，地域課題の発見や把握，研究，課題解決を考案試行し，実践的に研究している。

　従来の大学での「地域に関する研究」は，各研究者の専門性や関心にもとづいて，地域を対象やフィールドとして展開されてきた。あるいは，自治体や地域団体などの依頼により，地域課題の解決のために，専門性や学術性を持つ学識者として関与するといった形式が一般的であった。しかし「地域志向ともいき研究」では，従来の「連携」や「協力」という枠を超えて，異なる立場の人々が，協働し互いの立場を融合し，地域課題の解決にむけて研究に取り組んでいる。

　毎年度当初に公募される共同研究は，地域連携委員やセンター所員により，その研究目的の適切性や研究の意義，メンバー構成，研究計画，予算，研究成果の還元方法などについて細かく審査される。その上で，採択された研究は，学生に対する「教育」への接続や還元を意識すると共に，一般の方々にも公開講座やリカレント講座などを通じて，成果が積極的に還元されることを目指し

ている。

　年度末には，全研究の研究成果報告会を実施し，専門家による講評の他に，市民との意見交換の場も設けている。これらの報告会を通じて提案された提言のいくつかは，すでに具体的な政策や事業に展開している。また同時に開催する「まちづくりミーティング」は，地域課題の把握の機会として機能するだけでなく，研究テーマの発見にも重要な役割を担ってきた。今回のシリーズは，本学における「地域志向ともいき研究」の知見を，広く他地域にも活用して頂くため，地域課題のテーマに関わる一般理論と他地域での参考となるであろう事例の考察の両方を組み込んだ構成にしている。

　立場や世代など様々な違いを持つ人々が，互いの意見に耳を傾け，認め合い，助け合い，知恵を寄せ合う。そのためのハブ＝結節点として，大学は機能していきたい。本シリーズの成果が，地域での活動に携わる方々の少しでも参考になることを願っている。

　　　　　（本書は2019年度京都文教大学研究成果刊行助成金を受けて出版された）
　2019年夏

　　　　　　　京都文教大学副学長・地域協働研究教育センター長　　森　　正美

は じ め に
──「当事者目線」と大学の協働から広がる地域づくり──

　精神障がい者福祉の現場で，「当事者研究」という言葉がよく使われるように
なった。専門家が障がい者を対象として研究するのではなく，障がい当事者
が主体となり，自分の認識の枠組みのなかで，生活上の困難に対処する方法を
（仲間とともに）見つけ出すというような意味合いである。車の運転にたとえ
るなら，専門家の視点は人工衛星を使ってナビゲーションするようなものであ
ろうし，当事者の視点はドライバーそのもので，自分の人生行路を自分で運転
するということになるだろう。考えてみれば，自分の人生なのだから，自分の
考えや価値観を基準にして生きるのは当たり前のことなのだが，それがこれま
で当たり前になされてきておらず，現代でもまだ知の配置の図式は，専門家が
主導権を握っていることが多いといえる。

　専門家が物事の方向性を示す根拠は，主に合理的で客観的な思考形式によっ
てもたらされる。それ自体は必要な側面もあるものの，西洋近代に代表される
合理主義的価値観には，弊害や，無意識に前提としている価値の序列などがあ
り，作用があれば副作用もあるといわざるを得ない。そのような西洋的モダニ
ズムは，文化人類学との出会いを経て，わが国では1980年代頃にポストモダン
的な価値観への転換を行ったはずであるが，その地平は未だ十分に開かれてい
ないばかりか，ポストモダニズムの表層的解釈のまま一時の流行として廃れて
しまい，現在に至っているように思える。しかし，たとえば，2018年は，オウ
ム真理教の死刑囚たち13名が処刑された。教義を信じた高偏差値大学のトップ
エリートたちは，彼らにとって大切な青年期に，当時の時代の雰囲気（父親は
企業戦士として24時間闘い，若者世代は偏差値の高い大学を目指して受験戦争に駆り立
てられていた時代の雰囲気）のなかで違和感を抱き，自分たちが生きていること
の意味を宗教に求めたのではなかったかと想像する。モダニズムという一方向
的な価値基準の終焉を迎えた後，私たちは，次のモデルを見つけ出せないまま
早30年が経過し，平成の時代を終えることとなった。

当事者（貧困や虐待に苦しむ子ども，子育てに悩む親，認知症高齢者，障がい者，薬物依存者，自死遺族 etc.）は，専門家の前に立ち現れないときでも，当然ながら同じコミュニティのなかで生活し続けている。当事者が居る場所にこちらから出向かない限り出会うことがなく，存在すら知られていないこともある。知の配置図は，専門家の側から見ている限り，出会ったことのない当事者はいないことになってきたのだろうが，果たしてそのような配置図は正しい知といえるのだろうか。大陸を「発見した」と思っているのは，ヨーロッパがそれを知らなかっただけで，大陸も，そこで暮らす人々も，太古の昔から存在していたのと同じことである。

　「そのこと」を最もよく知っているのは，「そのこと」を自分事として体験している人であり，その人がどのように世界を見ているかは，内側から見ようとしない限り理解しえない。そして，その過程は一人ひとり異なっているため，外側に前提とされていた基準をいったん崩して，本人からどのように見えるかということを基準に，フレームを組みなおす必要がある。すべての人が異なるテーマにおいて当事者となるわけであるから，「みんな違ってみんないい」というような調和的で美しい世界観というよりも，時に互いの価値基準が激しくぶつかり合うような，葛藤を孕んだ世界が立ち現れてくることだろう。それでも対話を恐れずに一歩ずつ進んでいくしかないが，それは難しい進み方である半面，手応えのある進み方であるともいえるのではないだろうか。

　「大学」はこれまでも，これからも，知の配置図の仕掛人であり続けるだろう。ただ，モダニズム的な配置図を超えて，多様性と対等性を前提とした再配置図を提示する力量を問われているように思う。新しいパラダイムを実現可能なものとして提示できるようになったときに，地域志向型の大学の存在意義を示すことができるだろう。

　本書は，本学が5年にわたって取り組んできた，文部科学省の「地（知）の拠点整備事業」（＝大学COC事業）の集大成ともいえる実践報告集である。大学教職員が地域に入り込み，地域で暮らす多様な当事者と対等に，新しい地域の在り方を模索してきたことの証でもある。本書をもとに，地域住民の皆様や

学生たちとともに，ポストモダン時代の地域の在り方について考えていきたい。

　この京都文教大学地域協働研究シリーズは，全4巻から成り，大学COC事業に取り組んだ教員の執筆による章と，地域で活動されているパートナーの方々に執筆していただいたコラムで構成されている。しかし，この第2巻においては「多様な私たちがともに暮らす地域」がテーマであり，いわゆる専門家の立場である大学教員と，当事者や現場の支援者である地域パートナーの方々は，100％対等であるという福祉の理念から，あえてコラムの枠をはずし，本文の一部として入れ込む形をとっている。そのため，章の途中で異なる書き手が入れ替わりで登場することになることをご理解いただければと思う。

　執筆者の魂のこもったメッセージが読者に届いて，何らかの化学変化が起きるなら，これ以上に嬉しいことはない。

2019年9月

編著者　松田　美枝

多様な私たちがともに暮らす地域
──障がい者・高齢者・子ども・大学──

目　次

叢書刊行にあたって

はじめに——「当事者目線」と大学の協働から広がる地域づくり

第Ⅰ部　障がい者からみた参加しやすい大学づくり・まちづくり

第Ⅰ部

障がい者からみた参加しやすい大学づくり・まちづくり

第1章
障がい者との交流事業

　京都文教大学では，学生や教職員が地域の障がい者との交流を目指して，従来から学内カフェ事業や障がい福祉サービス事業所の学内出店事業などを実施している。それらの取り組みのひとつとして，障がい者との交流事業が挙げられる。

　交流事業では，障がいや病いをもつ人たちと学生との交流や，社会福祉教育や専門職養成教育への障がい当事者の参画を目指して，以下の4つの取り組みを主に実施している。

　なお，本書では「まちづくり」と表記しているが，「街づくり」「町づくり」という表記も存在する。一般に「街」は，都市にあるデパートや商店街，飲食店等が並ぶ集客力の高い繁華街，もしくは商業地区を指し，「町」は，小規模な都市や，あるいは都市の一部の狭い区画を指す。しかし，筆者らは，いわゆる都市や繁華街，村という空間的な制約を設けない「コミュニティ」という意味ももたせるために，ここでは「まちづくり」という言葉で表記することとした。また，障がい者との交流事業については，大学内の位置付けの変化に合わせて，「障がい者交流センター事業」「障がい交流事業」などの名称を過去から用いてきたが，2018年度からは「障がい者との交流事業」あるいは「交流事業」としているので，本書ではこの名称を使用する。

　また，「障害」の表記については，現在は「障害」「障碍」「障がい」等があり，「障害者」の表記についても「障がいをもつ人」「障害のある人」等，多様である。2010年11月22日に開催された「障害者制度改革推進会議」において障害の表記に関する検討がなされた結果として，「当面，現状の『障害』を用い

る」とされた経過がある。しかし，近年の行政機関などでは「障がい」「障がいのある人」の表記が一般的になっているため，本書では法律の名称では「障害」「障害者」，その他では呼称として「障がい」「障がいのある人」という表記を用いている。

「障がい者との交流事業」の4つの取り組み

　1．地域社会の障がい者との継続的交流

　障がいや病いをもつ人たちと学生との交流を深めるために，料理やスポーツ，創作活動，ミーティングなどを実施する。

　2．障がい当事者が参画するイベント企画

　障がいや病いをもつ人たちと学生や住民が交流できるイベントや，障がい当事者のパフォーマンスを重視したイベントなどを企画する。

　3．障がい当事者が参画する授業などの継続的実施

　障がいや病いをもつ人の体験談を聞き，障がいを取り囲む社会や環境の問題を考えるための授業や研修会を企画・実施する。

　4．障がい当事者が参画する教材づくり

　障がい当事者の実体験に基づく教材を障がい当事者自身の参画の下で作成して，障がい当事者が参加する授業や学内外の研修会において活用する。

　交流事業の実施に先立ち，報告者らは，科学研究費補助に基づき，2006〜2008年度の「ヒューマンサービスを共通基盤とする援助専門職などの現任者訓練に関わる研究」及び2009〜2011年度の「社会福祉教育のナレッジデザインへの利用者の参画とコミュニティ形成に関わる研究」において「障がい当事者が参画する授業」や「障がい当事者が参画する教材づくり」の取り組みを行ってきた。

　以上の取り組みを行った背景として，日本の大学教育では，障がい当事者がゲストスピーカーやメッセンジャーとして，体験談や生活状況，参加している組織の活動を語ったり，紹介したりすることはあっても，教材開発や教育実施

のデザイン，授業評価や学生評価などを含む大学教育の一連のプロセスに継続的に参画することはきわめて稀であることが挙げられる。援助専門職の養成教育や一般学生への社会福祉教育においては，障がい者と接触する実習教育が欠かせず，多くの研究が，障がい者への差別解消においては，単発的ではなく障がい者当事者やケアラー（家族等の無償のケア提供者）たちとの継続的な接触体験の重要性を指摘している。にもかかわらず，教育への障がい当事者の参画は充分とはいいがたい現状がある（Repper & Breeze, 2004）。それに対して，イギリスのように，医療・福祉サービスの利用者の専門職の実習教育への参画の取り組みが，国策として実施されている国も存在する。また，従来からの障がい者自立生活運動のなかで障がい当事者が福祉サービス事業に参画するようになったり，近年は，障害者差別解消法や障害者雇用促進法の改正といった動向のなかで，一般事業所や大学でも障がい者の雇用や差別解消の取り組みが促進されるようになったりしていることに比べても，障がい当事者が継続的に教育に参画する取り組みは充分ではない。

　そこで，本学の精神保健福祉士養成課程が中心となり，従来から実施してきた単発的な障がい当事者の授業参加に加えて，学生と障がい当事者との継続的交流を目指した学内実習授業の試みを，半年間の関係者の準備会を経て，2010年10月から開始した。当初は，学生有志と障がい当事者とそのケアラーや関係者が参加するボランタリーな交流事業として，週1回，半年間実施した。次いで2011～2012年度にかけては，交流事業を共通教育のプロジェクト科目としてカリキュラムに位置付け，一般学生への社会福祉教育の場とすると同時に，援助専門職を目指す学生の実習前教育とインタープロフェッショナル教育（職種毎に細分化した教育ではなく職種間の連携に重点をおいた教育）の場としても機能させてきた。2013年度からは，精神保健福祉士資格関連科目としての位置付けを新たに行い，援助専門職を目指す学生の学外法定実習前の学内実習の場として機能させてきた。

　交流事業は，京都文教大学の新規事業としての予算処置を2011年度から受けるようになっていたが，取り組みも定着したことから，2017年度からは新たに

人間学研究所の事業として位置付けられることとなった。しかし，2018年度からは，人間学研究所の再編成に伴い，学部学科の事業として新たに位置付けられたものの，予算処置は縮小されており，今後は大学にとどまらない障がい当事者自身の自律的な活動として大学内外に拡大させることが課題となっている。

　ここでは，交流事業と関連して発展してきたいくつかの取り組みとして，「障がい者からみた参加しやすい大学づくり」を目指して，2011年度から継続実施してきた「脱力系フェスタ」というイベントや，学生を対象とした「障がい者が継続参画する授業」や，援助専門職を対象とした「障がい平等研修」の取り組み，地域の障がい当事者・住民・関係者と協働した「障がいのある当事者と住民が共同して進める災害準備のためのワークショップ」の取り組みに焦点を当てて記述していく。

　なお，交流事業の全体像については，2012年度の「京都文教大学 プロジェクト科目 障がい者交流センター事業『障がい交流体験』報告書」や，筆者らの論文等で何度か言及しており，京都文教大学人間学研究所紀要（京都文教大学人間学研究所紀要，第18号）にも「2017年度 障がい者交流センター事業報告」として掲載している。そのため，以前の報告集や論文の一部と重複する部分や，再編している部分があることを追記しておく。

第2章
障がい者「あるある」現象

　ここでは，障がい者との交流事業の「地域社会の障がい者との継続的交流」「障がい当事者が参画するイベント企画」の取り組みのなかから，「脱力系フェスタ」の取り組みを紹介する。

1　障がいや病を身近に考える「脱力系フェスタ」

　2011年度から毎年継続的に取り組んできたイベントとして「脱力系フェスタ」の取り組みが挙げられる。通称「脱フェス」と呼ばれているこのイベントは，障がいや病いをもつ人とそうでない人が一緒にパフォーマンスを楽しむことをとおして，障がいや病いについて身近に考えることを目的としている。毎年，障がい当事者と学生や教職員の協働企画の下でテーマを定めて実行委員会方式で実施してきたが，2017年度は「アートと音楽」をテーマに京都文教大学のサロン・ド・パドマで6月3日（土）に実施して，障がい者とそのケアラー，地域住民，学生ら約100名の参加を得た。

　実施にあたっては，「誰もが生きていくうえで必要な『福祉』に『音楽』や『スポーツ』『国際交流』などを掛け合わせていくことで，これまで関わりが少なかった様々な立場の人たちの『接点』を作り，多様な価値観を京都に根付かせようとする活動」を京都で展開しているNPO法人ALIZE（以下，アリゼと記す）の全面的な協力を得た。司会進行は総合社会学部及び臨床心理学部学生2名が担当し，向島ニュータウンの障がいのある子どもとそのきょうだい等をメンバーとするヒップホップダンスサークル「ピンクチャウビック」と学生

のコラボによるダンスパフォーマンスのオープニングに次いで，障がい当事者やケアラーなどのパフォーマンス（バルーンアート，大正琴，短歌朗読，バンドなど），障がい当事者のDJやアートパフォーマンス（漫画アート，フットプリント）などを実施して，子どもから大人まで一緒に楽しめるエンタテイメントとなった。

中村周平
（NPO法人 ALIZE（アリゼ）代表）

　次節は2017年度の「脱力系フェスタ」の企画に参加した「アリゼ」代表の中村周平氏から寄せられたものである。

　中村氏は高校2年生の時，ラグビーの練習中に事故に遭い，頸髄を損傷して，胸から下の機能，感覚が麻痺する後遺症を負った。その後は，介助者のサポートを受けながら日常生活を送りつつ，2009年に立命館大学の産業社会学部人間福祉専攻を卒業し，2011年に同大学の応用人間科学研究科を修了している。

　大学生活では，職員だけではなく，ボランティア団体に所属する学生や，授業で親しくなった学生から，授業中は，傍らに座ってノートを取ったり，教室移動のたびに車いす移動を手伝ったりするなどのサポートを受けて，勉強に打ち込むことができたという。また，大学生活へのサポートの必要性を訴えるなかで，大学もその声に応えて，障害学生支援室を設立したという経過がある。とりわけ，他学生らから受けたサポートでは，介助者と介助を受ける者という授受の関係ではなく，「友達として関係を築けたことが嬉しかった」という。以上の支援体制の下で，中村氏は社会福祉実習を行い，社会福祉士の資格を取得して大学院に進学し，その後，NPO法人として「アリゼ」を設立した。

　「アリゼ」は，中村氏ともう一人，ジャマイカ人を母親にもち，外見は「日本人が思う日本人」とは異なる個性をたくさんもっている，ヘルパーのアレックスとの出会いにより設立されたが，彼らは京都文教大学の交流事業にも度々顔を出している。アレックスは京都市内のクラブでDJもしており，そのクラ

ブに交流事業に参加している障がい者が遊びに行ったり，中村氏やアレックスが交流事業に参加したりすることにより，交流が深まっていったという経過がある。

2　「脱力系フェスタ」と ALIZE
（中村周平：NPO 法人 ALIZE 代表）

　2017年 6 月，京都文教大学において「脱力系フェスタ vol. 5 mix & mingle ～KBU style party～」が開催されました。同種のイベント開催は，これまでに 6 回を数え，京都文教大学では恒例のイベントとなっています。

　以上のイベントの趣旨は，「障がいや病いをもつ人も，そうでない人も，入り乱れて一緒に楽しむことをとおして，障がいや病いについて身近に考えること」となっています。つまり，年齢や性別，障がいの有無にかかわらず，誰もが参加できる，地域に開かれたイベントとして認知されているものです。

　今回，私が代表を務める「NPO 法人 ALIZE（アリゼ）」は，企画内容を決める段階から関わらせていただくこととなりました。その理由としては，当法人の理念と当イベントの趣旨には共通のものがあり，大学の吉村夕里教授からお声掛けいただいたからでした。

　当法人は代表の私と副代表のアレックスとで2015年に設立した団体です。その理念は，「誰もが生きていくうえで必要な『福祉』に『音楽』や『スポーツ』，『国際交流』などを掛け合わせていくことで，これまで関わりが少なかった様々な立場の人たちの『接点』を作り，多様な価値観を京都に根付かせていく」となっています。この理念を掲げるきっかけは，中村とアレックスとの偶然の出会いにありました。

　ことの始まりは，以前私が働いていた法人に，アレックスが，知人の紹介でヘルパー（障がいのある人の生活をサポートする）のアルバイトに来たことでした。アレックスは母親がジャマイカ人で，見た目には「日本人が思う日本人」とは異なる個性をたくさんもっています。そのため，国籍は日本でありながら，パッと見，そうは思われない存在です。

図2-1　脱力系フェスタの様子①

　出会った当初は，お互いに「車いすの人」，「海外（?）の人」といった感じ
で，あまり関心はなかったと思います。ただ，ある時期に，アレックスがヘル
パーとして私の生活に関わってくれるようになってから，彼という人間に親近
感を覚えるようになっていきました。

　少し話は変わりますが，「車いすに乗っている人＝高齢者」というイメージ
は，おそらく多くの方がもっているものだと思います。そのため，30代で車い
すに乗っている私の存在は，どうしても目についてしまうようで，外出の際，
交差点で信号待ちをしているときなど，目の前を通り過ぎていくどのドライ
バーにも凝視されてしまいます。しかし，アレックスが外出の支援に入ってく
れているときは，ドライバーが私を見た後，彼を見てさらにびっくりする，い
わゆる「二度見」という光景を何度も目にしました。また，街中では求人情報
誌や新店舗開店のチラシ，選挙が近いときなどはそれに関する政党ビラが配ら
れていますが，私もアレックスも，それをもらったことはこれまで一度として
ありません。おそらく，配る方の先入観で，私たち2人は，「配る対象」に入
っていなかったのではないかと思います。これまで自分自身の経験として存在
した「障がい者"あるある"」と，アレックスが教えてくれる「外国人"ある
ある"」に，同じような境遇を感じざるを得ませんでした。

図2-2　脱力系フェスタの様子②

　そして，この「あるある」が，お互いのもつ「何か」によって生じてしまう
ものであるならば，自分たちが共に活動を行っていくことで，この「あるあ
る」を少しずつでも解消していくことができるのではないかと考え，団体とし
て組織化するに至りました。偶然にも，同じ思いを共にする当イベントに，当
法人の理念に沿った形で関わらせていただけたことを本当に有難く思っており
ます。

　また，開催までに京都文教大学のキャンパスにて数回行われた，運営メン
バーの方々との打ち合わせでも，当イベントの良さを感じることとなりました。
当イベントの運営は，京都文教大学の教員や学生が主体となって行っておられ
るほか，地域の障がいのある方々もアドバイザーとして参加されていました。

　京都文教大学では，障がい者との交流事業として，週1回のペースで障がい
者が継続参加する授業が開講されています。この授業は，学生と地域の障がい
のある方々が同じ参加者という立場で出席し，毎回のカリキュラムを共同で行
っていく形式をとっています。私やアレックスも，これまでに数回，この講義
に参加させていただきました。授業の開講当初は，学生と障がいのある方々の
間に，緊張と遠慮が入り混じった壁のようなものがありましたが，授業が進む

につれて，その関係性が良好なものに変わっていく様子を身近で感じていました。おそらく，この授業で生まれた関係性やその試みなどが，当イベントを設立されたきっかけであり，毎年変わらずに掲げられている趣旨なのではないかと，打ち合わせを重ねるなかで強く感じることとなりました。

　いよいよ，イベント当日を迎えました。第 1 部は DJ によるクラブミュージックの演奏をバックに，ダンスやバンド，大正琴，バルーンアートなどを行う「脱力系 DJ ×色々な団体」。外部からのアーティストによる「脱力系アートパフォーマンス」。ダンスタイムでは障がいの有無にかかわらず，多くの子どもたちが楽し気に身体を躍らせていました。また，その音楽を奏でる DJ も難病をもつ車いすユーザーの男性が務めるなど，非常に多様性に富んだ内容となりました。第 2 部では，同じく難病をもつ車いすユーザーのプロの漫画家の方による漫画アート（枠に色を入れ，それを外すと 4 コマ漫画ができあがる）や，足の裏に絵の具を付け，音楽に合わせて踊りながら色付けをしていくフットプリントなどが行われました。色を流し込む，音楽に合わせて踊る，障がいに関係なく参加できる工夫を凝らしたことで，多くの方が参加できる状況を作り出すことができました。

　全体を通して，当イベントの趣旨を少しでも形にできたように思います。このイベントに参加する＝障がい者に対する偏見がなくなる，そのようなことは起きないと思いますし，企画の本来の趣旨とは異なると考えます。このイベントを企画した方々，アーティスト，発表者として登壇された方々，イベントに関心をもち足を運んでくださった方々。そのような方々が接点をもち，お互いの考えや見方を共有できたことが最も大切なことであったと強く感じます。

3　線引きの上に成り立つ関係

　中村氏の第 2 節を読み，読者の皆さんは何を感じただろうか。

　中村氏の「障がい者 "あるある"」と，アレックスの「外国人 "あるある"」における周囲の「二度見」という光景は実は大学内外で，よく見聞きする。

　たとえば，アレックスが大学内のコンビニでおにぎりを買うという，彼にとってごく当たり前の日常的な行動をしている際に，学生のみならず周囲の人たちから「二度見」どころか「がん見」状態が生じる。なかには，アレックスは日本語がわからないだろうと思い，「外国人がおにぎりを食べているのがおかしい」と言わんばかりに，指差しながらクスクス笑う学生がいる。

　また，障がい者に対する偏見がないと思われがちな，援助専門職を志望する学生のなかにも，大人の車いす使用者が学内を移動していると目を伏せる学生や，車いす使用者が転倒している場面に遭遇して，すぐに声をかけられず戸惑っている学生もいる。そして，「援助職を希望する学生，援助職"あるある"体験」と呼んでいいような「あるある現象」も多々みられる。彼らのなかには，障がい者は「援助される人」，自分たちは「援助する人」あるいは「将来は援助職として援助する側の人間になる人」といった意識や線引きがされている場合がある。その結果，「障がい者と実際に関わるには，援助技術をもたねばならない」「でも援助技術がまだ習得できていないので障がい者との実際の関わりに自信がもてない」といった尻込み。「何か不適切なことをして相手を不快にさせたり，症状を悪化させたりしてしまわないか」という不安からくる過剰な自己抑制。「自信がもてない自分を他の人に見られたくない」といった恥ずかしさなどから緊張や遠慮が生じて，壁ができてしまうような現象もみられる。

　以上の「あるある」現象は否定的な側面から捉えられがちだが，接点が生じた相手から違和感が表明されたり，活動を共にしたりすることにより，「何が相手との関わりや対話を妨げているのか」に気付くきっかけにもなる。学生たちに限らず，人は隔たりを感じている相手と接点をもったり，活動を共にしたりしない限り，自分たちの線引きや思い込みに気付けない場合がある。

　援助専門職を目指す学生たちには，福祉施設や医療機関での実習が課せられているが，医療福祉サービスの現場は利用者の生活の一部でしかなく，利用者の生活全般を見通せる場ではない。そのため，学生たちのなかには医療福祉サービスという限られた世界のなかで，あらかじめ「援助される人／援助する人」という線引きがされた関係しかもてない者も存在する。

　しかし，私たちが病気になって病院で受診する際に医療スタッフに見せている顔と，生活する場所で友人や家族や近隣の人に見せている顔が違うように，また，病気のときと元気なときに周囲の人たちに見せる顔が異なるように，福祉サービスや医療サービスを受けていても障がい者も個別性のある一般市民であり，他の一般市民同様に様々な嗜好や生活スタイルをもっており，ひとくくりには捉えられない。

　しばしば援助現場では，障がいや病気の特性を理解したうえで関わるということが強調されているが，障がいや病気の特性はいわば平均化された一般像であり，具体的な個々の特徴を表しているものではない。たとえば，「日本人」といっても，その顔や姿形，嗜好や生活スタイルは様々であるが，統計的，平均的に捉えれば，一定の傾向は出てくるだろう。だからといって，平均値にすべて一致する人は稀であることも真実である。

　また，理解が得られにくいとされる精神障がいを例に挙げれば，急性期には幻覚妄想などの病的体験があることを知っておくことは必要だとしても，だからといって，人生のごく一部の期間に生じる急性期の症状に全人生が支配されているわけではないことを理解する必要がある。

　たとえば，私たちも風邪などの病気になって発熱や悪寒などの急性症状に苦しみ，周囲の人に甘えたり，苛立ったりすることはあっても，それは人生全体からみれば一部の時期に過ぎない。同様に，人生の一部の時期に生じた急性期の症状の特性のみをことさらに取り上げて，それが全人生をとおして現れる精神障がい者の人格の特徴であると断定することはできない。

　また，多くの先行研究が指摘するように，障がい者との単発的な交流は，場合によっては偏見を助長することがある。たとえば，義務教育のなかでしばしば設けられている特別支援学級の子どもとの交流体験に対して，「健常の子どもは特別支援学級の子どもたちに合わせて振る舞ったり，問題行動について我慢したりするべきだ」と教えようとしていると捉えて理不尽な感情をもつに至った学生もいる。さらに，その時々でたまたま関わった障がい者の特性を，障がい者一般の特性として普遍化して捉えてしまっていることもある。様々な人

がいて，様々な共通点とともに，相違点も存在するということを実感するには，医療福祉サービスという，生活のなかの限られた時期の，限られた環境のなかでの出会いだけでは難しい。偏見を除去するために最適な集団間接触の条件として，オルポートは，①対等な地位，②共通の目標，③制度的な支援，④集団間の協力などを挙げているが（Allport, 1954），以上の条件を満たすには，援助という枠組みを外した様々な出会いや接点を生活のなかで継続的にもつことが必要だと思われる。

　人々の生活を支えるもののなかには「医療」や「福祉」といった生命や健康を支える制度的な支援や，生活に彩りを与える様々なアクティビティやパフォーマンスが存在している。また，そのような性格をもつアクティビティやパフォーマンスとしてスポーツや芸術が存在している。これまで関わりが少なかったスポーツや芸術などの分野の「接点」を，障がい者を含めた様々な人たちとの間に意図的につくったり演出したりする活動は，各地で次第に活発化している。

　障がい者のスポーツや芸術については，「障がい者スポーツ」「障がい者アート」「バリアフリーアート」など，「障がい」に焦点をあてた呼称がある反面，「障がい」というカテゴリーにとらわれない活動も古くから存在する。たとえば，芸術の伝統的訓練や美術教育を受けていない人たちが制作したアートは，アウトサイダー・アートやアール・ブリュット（生の芸術）として，20世紀の半ばから，イギリスやフランスでアートのなかに位置付いている。

　「障がい」に焦点を当てたアクティビティやパフォーマンスは「障がいを克服して頑張る姿」として人々に「感動」を与えることがある反面，「障がい」と「感動」とをことさらに結びつけようとするメディアの姿勢が「感動ポルノ」（Young, 2012）と呼ばれるように，画一的な障がいイメージの形成を助長する。そこで，「障がいを克服して頑張る姿」という画一的なイメージをことさらに強調することなく，様々な人たちが上手い下手にかかわらず，単に面白いアクティビティやパフォーマンスを一緒に行うことをとおして接点をもつ機会として，「脱力系フェスタ」というイベントを企画したという経緯がある。

　ちなみに第1回目の「脱力系フェスタ」には「きらっと生きない」という副題がついていたが，これらのネーミングは，このイベントの企画に参加した障がい当事者が命名したものである。

　「私（たち）とは違う」という線引きの上に成り立つ「あるある」現象と，アートやスポーツといったパフォーマンスやアクティビティを注釈抜きで単に楽しむことによって生じる対等性の強い交流との間には，出会いの質に違いがある。そして，それらを含めた様々な接点や交流のなかで，障がい者に対する「あるある」現象に対する再考と洞察が促されて，「障がい者との対話や関わりを妨げているものは何だろうか」という問いに向き合えるのではないだろうか。

第3章
障がい当事者が継続参加する学内実習授業

　ここでは，交流事業のなかから，前章の中村氏の第2節にも登場する「障がい当事者が参画する授業」の継続的実施の取り組みについて，その内容と経過，効果と課題等について述べる。

1　内容と経過

　「障がい当事者が参画する授業」は，2010年度の秋学期から開始されてからすでに8年が経過しているが，2013年度からは臨床心理学部の精神保健福祉士課程の学生向けの学内の実習教育授業（以下，同授業）として，カリキュラムへ位置付けられている。

　同授業の目的としては，地域の医療・福祉サービス機関のスタッフたちとの協力の下で，障がい当事者が継続参加する授業を実施することをとおして，
①障がいをもつ人たちに対する学生の否定的偏見や思い込みを修正すること，
②障がいをもつ人とのコミュニケーションのあり方に関わる課題について，学生自身が考え，改善に向けて具体的に取り組んでいくこと，
が挙げられる。

　2017年度の春学期の授業参加者数は，表3-1のとおり実人数52名，延べ人数406名，秋学期の授業参加者は表3-3のとおり実人数51名，延べ人数346名で，参加内訳は学生，ボランティア，心身障がい当事者とそのケアラーや関係者，大学の教職員等である。

　近年の特徴としては，障がい当事者の参加者がほぼ固定化して継続して参加

表 3 - 1　2017年度の春学期の参加者

参加者	実数（延べ数）	備　考
学生（授業登録者）	11 (141)	2 年次生（臨床心理学部）
ボランティア（含不定期）	16 (69)	1 年次生（臨床心理学部の障害学生 2 名） 4 年次生（臨床心理学部 1 名） 精神障がい者家族会（13名）
大学教員	3 (42)	臨床心理学部（ 2 名），総合社会学部教員（ 1 名）
大学職員（不定期）	2 (2)	学生課
授業補助アルバイト	1 (14)	精神保健福祉士（ 1 名），研究生（ 1 名）
障がい当事者	12 (94)	精神（ 3 名），身体（ 9 名）
関係機関の職員など	7 (44)	移動支援ヘルパー（ 5 名），その他（ 2 名）
総　　計	52 (406)	

表 3 - 2　2017年度春学期授業プログラム

1	オリエンテーション グループワーク	「参加者の紹介と授業説明」「自己紹介と他己紹介」のゲーム 「授業への不安」のブレインライティングとシェアリング（分かち合い）
2	小グループ活動	「春のイメージ」のコラージュ制作とシェアリング
3	小グループ活動	「春のイメージ」のコラージュやスクイグル（交互なぐりがき）に基づいたストーリーテリング（ものがたりづくり），その結果のシェアリング
4	小グループ活動	バルーンアート制作
5	インタビューのワーク	障がい当事者へのインタビュー「家族との関係」について
6	グループワーク	精神障がい者家族会との交流
7	インタビューのワーク	障がい当事者へのインタビュー「生活全般」について
8	イベント企画	「脱力系フェスタ」の打ち合わせ
9	障がい当事者の体験談	「障がいとスポーツ」について
10	障がい者家族の体験談	「ヤングケアラー」について
11	障がい当事者によるトークセッション	「障がい者の学生生活，自立と結婚」について
12	ワーク	「音風景」をテーマとしたセンサリーアウェアネス
13	車いす疑似体験	障がい当事者がグループワークにおいてファシリテーター（促進者）となった車いす疑似体験および学内の物理的なバリアのチェック
14	個人発表及び交流会企画	車いす体験と学内のバリアチェックの振り返り 障がい当事者との交流会の打ち合わせ
15	交流会	障がい当事者との交流会と春学期の振り返り

表3-3　2017年度秋学期の参加者

参加者	実数（延べ数）	備　考
学生（授業登録者）	10（124）	2年次生（臨床心理学部）
ボランティア（含不定期）	7（37）	1年次生（臨床心理学部の障がい学生2名） 4年次生（臨床心理学部1名） 高齢者アカデミー（2名），精神障がい者家族会（3名）
大学教員	3（42）	臨床心理学部（2名），総合社会学部教員（1名）
大学職員（不定期）	2（2）	学生課
授業補助アルバイト	1（14）	精神保健福祉士1名，研究生1名
障がい当事者	20（87）	精神（8名），身体（12名）
関係機関の職員など	8（40）	移動支援ヘルパー（5名），その他（3名）
総　　計	51（346）	

表3-4　2017年度秋学期授業プログラム

1	オリエンテーション 小グループ活動	「春のイメージ」のコラージュ制作とシェアリング
2	ワーク	音を素材としたアクティビティとセンサリーアウェアネス
3	アクティビティ	粘土を素材にした集団での創作活動
4	障がい当事者によるトークセッション	障がい当事者といわゆる健常者との壁について
5	車いす疑似体験	「学内のバリア体験」その①（学生の立場から）
6	車いす疑似体験	「学内のバリア体験」その②（当事者の立場から）
7	グループワーク	「学内のバリア体験」その③（防災の立場から）
8	アクティビティ	スクイグル（なぐり描き法）と，それに基づいたストーリーテリング（ものがたりづくり），その結果のシェアリング
9	アクティビティ	カラーアナリストによる塗り絵のワーク
10	障がい当事者の体験談	「精神障がいの発症から回復まで」
11	障がい当事者によるワーク	WRAPの紹介とWRAPプログラムの実演
12	施設見学	「やまなみ工房」訪問
13	交流会	クリスマス会の実施
14	最終評価	秋学期の振り返り
15	講演会参加	キッズキッチンについての講演会

していることや，障がい学生や障がい学生の卒業生の参加や，本学の高齢者ア
カデミーの学生や卒業生のボランタリーな参加が得られるようになったことが
挙げられる。また，学生のなかで移動支援業務従事者研修を受けて資格を取得
した者がバイト先の事業所から派遣される形で，障がい当事者の授業参加の移
動支援業務として参加したりすることもみられる。さらに，同授業を履修した
上回生のなかから障がい当事者の授業参加の支援に関係する事業所にアルバイ
トやボランティアとして参加する学生や，SA（Student Assistant）の学内制度
を活用したりボランタリーに授業に参加する学生がみられるなど，授業内外，
大学内外へと学生と障がい当事者との交流が広がるようになっている。

　授業内容については，教員と障がい当事者との授業研究を行うための研究会
や，授業前の打ち合わせをとおして決定している。2017年度の具体的な授業内
容としては，表3-2および表3-4のとおり，学期当初は臨床心理学部の学生
が興味をもちやすいアートセラピー的なアクティビティや，センサリーアウェ
アネス（呼吸・身体・感覚に，より気づき目覚めていくための実践）のワークや小グ
ループ活動等を実施している。

　これらのワークでは，障がい当事者の参加者がその障がい特性を生かした活
動，たとえば視覚障がいのある参加者をファシリテーターとした，視覚以外の
感覚，特に聴覚による「音風景」へのセンサリーアウェアネスに焦点化した小
グループ活動や，授業に参加している障がい当事者の特技や趣味を生かした活
動，たとえばバルーンアートや音楽等を取り入れたアクティビティなどを実施
している。また，身体障がい当事者が言葉をとおして，あるいは介助をとおし
てアクティビティに参加できるように，学生とペアで活動させるような工夫も
行っている。

　学期前半の授業を経た学期後半の授業では，障がい当事者の体験談を傾聴す
るセッションや，障がい当事者へのインタビュー・ワークや，障がい当事者を
ファシリテーターとした障がい疑似体験や，障がい当事者の視点から大学内の
バリアチェックを行い，その結果をまとめるなど，障がい当事者の日常生活上
の困難に，より具体的に踏み込めるようなテーマ設定を行っている。

2　効果と課題

　同授業の成果としては，障がい者に対して学生たちが抱いていた「怖い」「暗い」「融通が利かない」「人づきあいが苦手」「気難しい」といった否定的なイメージが「明るい」「個性的」「面白い」「温厚」「元気」「前向き」「社交的」といった肯定的なイメージに変化するとともに，学生たちがもっている画一的な障がい者イメージや，障がいをマイナスとみなす固定概念についての内省が促されることが挙げられる。

　以上は学期後半になると，障がい者に対して否定的イメージを抱いていたということに言及する学生が多くみられるようになることから推察できる。たとえば「障がい者の人は，健常者に比べて，不自由になってしまうことが多い。そのため，気持ちも明るくなれず，落ち込んでいる人が多いのかと思っていた」「今まではメンバーさん全員を障がい者という一つの枠組みで捉えており，一人ひとり違う個性をもった人間だということを理解していなかった」「思い込みなどから勝手なイメージをもたないように注意しようと思った」といった障がい者イメージの変化に言及した感想が得られるようになる。また，「この人は障がいがあるため話すことが難しい，あまり話しかけない方がいいのかなと思っていたが，それは固定概念で，それにとらわれているのはよくない」「障がい者だからといって変な気をつかったり，妙にかしこまる必要はない。相手は同じ人間であることを再認識し，会話への抵抗性を感じることが減った」といった，障がい者への関わり行動に関連した認識の変化に言及する学生もみられるようになる。

　しかし，固定概念が覆った結果として生じた多様なバリエーションをもつ肯定的なイメージ形成については，授業に参画している障がい当事者たちの個性と，授業に対する態度や努力に負うところが多い。授業に参加している障がい者の多くは，学生への教育に興味をもっているばかりか，学生や援助専門職に対する教育において，単発的な形式であってもゲストスピーカーを務めてき

　　バルーンアート　　　　　　塗り絵アート　　　　　　音風景のワーク

障がい当事者の体験談

　　やまなみ工房見学　　　　　　　　　　　インタビューのワーク
図3-1　学内の実習授業の様子

　たような人が多く，その意味では，教育に対する興味関心と教育的な資質を併せもつ人たちである。したがって，学生たちには，自分たちと積極的に交流することをとおして障がい当事者の実態に触れてほしい，そのうえで差別や偏見をもたない社会人や援助専門職として巣立っていってほしいという要望をもっている。また，そうした意図をもって授業に継続参加している40，50代の壮年期の障がい者たちが大半であり，20代や30代の障がい者の参加は少なく，単発的である（図3-1）。

　それに対して学生たちの側は障がいの有無にかかわらず，年長の人たちとの交流は親や教員，バイト先の人など，役割や枠組みが明確な環境に限られていて，それ以外の大人たちと継続的に交流する機会をあまりもたない。たとえば「同年代の同性ならともかく，年が離れた異性とは，今まで学校の教師としか関わったことがない」「教師や医者のように役割をもつ人として接することが

できればよいのかと考えたこともあったが，今まで受けた授業や学んできたなかで，それは違うと考えた」と語る学生もいる。

　以上の学生にとっては，大人との継続的な交流自体が未知の経験であり，それゆえに，戸惑いや混乱が生じるようである。また，援助専門職を志望する学生たちのなかには，障がい者は病理を抱えた人たちであるがゆえに，自分たちの支援対象であるという固定した枠組みに縛られている者もいる。そして，支援者としての役割や立場にとらわれるあまり，過剰な配慮と自己抑制により交流が深まらない場合もある。さらに，自分自身に対して「コミュニケーション能力がない」「人見知りである」という決め付けをする学生たちが多く，「失敗を怖れて」能動的な関わり行動に対してブレーキをかける傾向もみられる。しかし，コミュニケーション能力とは，本来，相手への関わり行動が成立してこそ成り立ち，成熟していくものであり，関わり行動が成立していない段階において，「コミュニケーション能力」の有無は，自他共に判断できるものではない。加えて，障がい当事者に対する関わり行動に限らず，近年の学生たちは，学生同士の関わり行動においても他者の目を意識して行動抑制を行うといった他者志向的な傾向が感じられる。

　以上の学生たちの傾向は，授業に継続参加している障がい当事者たちも感じており，「もっとなんでも聞いてほしい」「積極的に質問してほしい」といった促しが行われると同時に，学生の不安や緊張をほぐすために，話しやすい雰囲気をつくろうとする気遣いがみられる。また，その結果，「明るい」「個性的」「面白い」「温厚」「元気」「前向き」「社交的」といった肯定的なイメージを学生たちに与えるような，社交的な振る舞いが促進されていると考えられる。

　学生と障がい当事者が交流している場面においては，しばしば双方が自己統制を試みているが，学生たちが関わり行動を抑制するという方向に自己抑制を行っているのに対して，障がい当事者たちは，関わり行動を積極的に促進する方向に自己統制を行っていて，両者の自己統制の方向性は異なっているのである。

3　今後に向けて

　前述したように同授業の効果としては，学生たちがもつ否定的な障がい者イメージが解消されて，それまで障がい者に対してもっていた固定概念についての学生たちの内省が促されることが挙げられる。

　しかし，新たに形成された肯定的イメージの変化を細かくみてみると，これも前述したとおり肯定的なイメージの大半は，学生たちの側の能動的な関わり行動の結果として形成されたものではなく，障がい当事者たちの側からの学生たちへの能動的な働きかけ（態度，発話）に依拠している。

　オルポートは偏見には肯定的な偏見と否定的な偏見が存在するとしたが，このように相手の態度や姿勢と環境調整に依拠して受動的な形で形成された学生たちの障がい者に対する肯定的な印象形成はオルポートが言う「肯定的な偏見」と解釈できるものであり，脆く崩れやすいという弱点をもつことが課題として指摘できる。

　さらに，障がい当事者たちの授業の場への継続的な参加は，様々な環境調整，たとえば授業日に合わせた心身の体調管理，移動支援のヘルパーの手配，ノンステップバスの運行時間の確認や，大学に来校するまでの経路の安全確認，食事や身だしなみ，服薬などのパーソナルケアの時間の管理や確保，そのための金銭支出などが必要である。しかし，そのような環境調整とパーソナルケアの努力を，生活経験が乏しい学生たちがリアリティをもって理解することには困難が伴う。

　教育におけるインクルージョンの理念が日本に導入されてから久しいものの，学校教育の現場において，生徒や学生など対等な立場で障がい者と日常的に接触した経験をもつ学生は少なく，特別支援学級等との単発的な交流に参加した程度の経験しかない学生がほとんどである。自分自身の生活経験自体が乏しいうえ，障がい者の生活の実態に日常的かつ身近なものとして触れ合う機会をもたなかった学生たちにとって，それらを共感的に理解することは難しいようで

ある。

　障がい当事者のなかには，頻尿，傾眠といった生理的な特徴や，体温調整や痛みのコントロールや異常反射の抑制が難しいといった身体的な特徴をもつ人や，気分変動などの症状をコントロールすることが難しい人たちも存在する。学生たちのなかにはそれらを机上の知識としては理解していても，現実に目の当たりにすると「わかっていても生理的な嫌悪感を覚える」と率直な感想を教員に訴える学生もみられる。日常的な対話をとおしてではなく，相手と周囲の状況に依拠して形成された肯定的なイメージは，以上のようなリアルな事態を目の当たりにすると，容易に否定的なイメージへと反転するのである。

　学生たちが，障がい当事者が抱える心身の苦痛を共感的に理解していくためには，障がいと疾病に関する知識に加えて，学生たちが障がい当事者との交流をとおして，それらが個々の障がい当事者の生活にどのような支障を与えているのか具体的に実感することが必要であり，そのためには，障がい者の生活実態に触れることや対話をすることを避けては通れない。

　しかし，プログラムのなかで障がい当事者たちから自身の生活歴，病歴，闘病に関わる様々な語りがあったにもかかわらず，それらに関連した対話の発展は乏しい印象がある。障がい当事者との接触体験は，すでに形成されている障がいについての否定的概念を覆して，肯定的な印象形成を促進する契機にはなり得ても，障がい当事者が学生との交流に寄せる思いや，その背景にある障がい当事者の生活の歴史などに思いを馳せることは，学生たちには依然として困難である。その際の障壁となっている学生たちに見られる過剰な配慮や行動抑制，他者志向的な関わり行動の在り方は，率直にいえば，短期間で変容させることは難しい。

　同授業をとおした学生たちの障がい者に対するイメージの変化から浮かびあがってくるのは，障がい当事者に対する学生たちの意識とともに，障がい当事者の側の態度である。学生のイメージの変化から，障がい当事者が学生に対してどのような態度をとっていたのか，どのような話題をしていたのかが，自ずと明確になってくる。すなわち，授業に参加した障がい当事者は，学生に対し

て，「明るい」「個性的」「面白い」「温厚」「元気」「前向き」「社交的」な雰囲気で接していたのであるが，その一方で彼らが語った生活史，病歴，闘病に関わる様々な想いは，学生の自己抑制的な態度によって，学生たちには充分には伝わらなかったと思われる。

　以上の課題を解決するために，学生たちと年齢的に近い障がい当事者の体験談を聞く機会や，交流する機会を設けたりしている。また，障がい当事者の日常に触れてもらうために，彼らが来校の際に感じる大学内のバリアを，障がい当事者たちをファシリテーターとして疑似体験する機会を設けたり，インタビューの機会を意図的に作ったりするなどの工夫を行っている。

　今後については，同授業だけではなく，同授業と演習や実習との関連を深めていくことや，障がい当事者たちとの授業研究をさらに発展させていくこと，大学内で日常的に，継続的に障がい当事者との接触が図れる機会や環境を整備していくことが必要である。

第4章
障がい当事者が参画する教育研修

　ここでは，障がい者との交流事業に関わる取り組みとして，住民や援助専門職を対象とした，障がい当事者が参画する教育研修や教材作成等の取り組みについて述べる。

1　障がい平等研修

　一般住民向きの障がい啓発や，共生のまちづくりを目指した取り組み，一般学生への社会福祉教育や，援助専門職の養成教育では，「障がい体験学習（障がい体験；Disability awareness training)」あるいは「障がい疑似体験（Simulation exercise)」などと呼ばれる，障がいをもつ人の困難をシミュレーションする体験学習がしばしば導入されている。しかし，以上の取り組みの実施主体はほとんどの場合は援助専門職もしくは大学の教員などである。そのなかで障がい当事者自身が企画して参加する形式の障がい疑似体験の重要性は，障がい学生支援やまちづくりなどの取り組みにおいては徐々に認識されるようになってきている。

　その背景として，2000年代初頭からは，日本で普及している従来の障がい啓発型の取り組みに対して「社会モデル」の立場からの批判がなされるようになったことが挙げられる。「社会モデル」とは，障がい者が体験している生活上の不便の原因を，個人の障がいではなく社会環境の問題として捉える立場であり，「障害は個人にあるのではなく，社会にある」という考え方を指す。

　近年，日本を含む170余りの国・地域が締結した国連の「障害者権利条約」

も，この社会モデルに立脚している。たとえば，車いす利用者が，2階に移動したくても階段しかない場合，2階に上がれないのは体の機能障害が原因ではなく，「エレベーターがない」などの社会的な障壁が原因だと捉えて，社会に変化を促すという立場である。

　久野や岩田は日本における障がい疑似体験について，医療や福祉に従事する者が指導する形で実施される啓発教育が多い（久野，2005；岩田，2006）との指摘を行うとともに，イギリスを中心に1980年代から障がい者運動とともに発展してきた「障がい平等体験（Disability Equality Training，以下，DET）」を紹介して，当事者参画の重要性を指摘している。

　彼らによれば従来からの障がい疑似体験は「機能障がいへの過剰な焦点化」「社会モデルの視点の欠如」「力の不均衡への視点の欠如」などの問題があるとする（岩田，2006）。また，「多くの障がい者が自立した生活を送っているにもかかわらず，疑似体験では『できない・困難』という負の側面ばかりが強調され，障がい者に対して負の価値付けがなされることが多い」「疑似体験でわかるのは物理的な障壁だけであり，単に『何が』障壁であるかを発見するだけで終わってしまう場合が多い」（久野，2005）と批判されている。

　それに対して，近年，日本に紹介されるようになった DET は「障がいをもつ人自身によって企画・立案され，運営される講義，事例検討やロールプレイ，行動計画作成などで構成される」「参加型のグループワークを中心としたプログラム」である（三島，2009）。

　DET と従来の障がい啓発との相違点は，「障がい啓発の焦点が個人の機能（制限）であるのに対して，障がい平等研修の焦点は社会の差別」（久野，2005）であり，DET の目的は「障がい者と関わる人々が，社会の差別的な慣習の本質を理解し，何をなすべきであるのかを明らかにすること」（三島，2009）である。効果と意義としては，「障がい者の自立生活を支える環境整備を行い」「障がい者がトレーナーになることによって自活の道を切り拓くなどエンパワメントが二重に促進される」（三島，2009）ことが挙げられる。実際，イギリスの当事者団体の一部は，DET を提供することで事業収入を得るようになっている

という（三島，2009）。

　筆者らは，障がい疑似体験に障がい当事者が参画することの重要性を感じて，DETの取り組みを参考とした事業を実施してきた。たとえば，交流事業に参加している車いす使用者や視覚障がい当事者に，学内で感じてきたバリアや大学へのアクセスへの障がいとなっているバリアを抽出してもらい，彼らをファシリテーターとして学生や教職員らとともにバリアチェックを行ったり，報告書として取りまとめて要望を出したりするなどの取り組みを交流事業の一環としても行ってきた。

　また，学生や援助専門職，地域住民などを対象とした教育研修において障がい疑似体験を実施する場合は，原則として障がい当事者の参画を実施してきた。

　以上の取り組みは，交流事業に参加している障がい者のなかでも，主として車いす使用者が主体となった大学内外の環境改善の取り組みや，まちづくりの活動と関連させてきたものである。彼らは，大学の立地地域においても自治体が主催する主要交通機関の駅周辺のバリアの点検に参加することをとおして，大学近辺や行政のバリアフリー計画にも協力している。また，彼らが大学に出入りすることによって，学生食堂やスクールバス，清掃業者の障がい者への対応は次第にスムーズに行われるようになってきている。また，学内実習授業に参加している学生たちが，車いす使用者のガイド役をごく自然に行っている姿や，重度訪問介護等の資格を取得して学内実習授業への送迎の支援者の役割を担っている姿もみられるようになっている。

2　環境改善の促進者

　車いす使用者が参画した，学生や住民を対象とした教育研修の取り組みのなかで，明確化された事柄としては，健常者である研修受講者たちと障がい当事者のバリアに対する捉え方は異なるということが挙げられる。車いす疑似体験を例に挙げれば，自走式の車いす体験の場合，研修受講者たちにとっての車いすは，慣れない不便な乗り物であり，その乗り物を使用すること自体が恐怖体

験であり，活動のバリアとなる。しかし，日常的に車いすを使用している者にとっての車いすは，身近で不可欠な移動手段であり，車いすを自由に使用できない状況（環境）こそがバリアである。また，介助式の車いす体験の場合，研修受講者たちにとっての車いすは介助道具であり，それを操作するのは介助者であるとみなされやすい。

　しかし，車いす使用者にとっての車いすは，たとえ介助者が操作しているにせよ，移動や日常生活になくてはならない自分の体の一部であり，自分の足である。この場合，馴染みの介助者は，車いす同様に，車いすとセットになった自分の一部，足でもあるのだ。これは，眼鏡使用者にとっての眼鏡が日常生活に不可欠なモノとなり，自分の目の一部のように体に馴染んでしまっている場合，眼鏡がない状態こそが，日常生活の自由を妨げ不便を生じさせるのと同じである。そして，介助式の車いす使用者にとって，普段から介助をしていない人に介助を任せることは，時に命がけの行為となる。

　しかし，先天性の障がいと中途障がい，また障がい程度によっても，車いすの捉え方は異なる。また，車いすの使用歴や，介助式か自走式かによっても捉え方が異なることや，車いすとの付き合い方にも個性があり，しかも年齢などによっても変化するようだ。たとえば，車いすに人間やペットのような愛称をつけている人や，季節ごとに装飾を変える人，子どもの時は遊具のように扱って後ろに転倒する遊びをしていた人，曲芸のように車いすを扱って自慢する人など，車いすとの付き合いは様々である。それに対して周囲の人は，車いすを介助者の介助道具として画一的に捉えがちであり，車いすの疑似体験も，不便な乗り物を扱うという新奇体験や，恐怖体験のように捉える場合もある。

　介助者が車いすの所有者であり，車いす操作の主体であるかのように周囲の人が振る舞うことは，車いす使用者にとっては，周囲の人から自分が意思のある主体として認知されていないと感じる不快な体験である。実際，車いす使用者と車いすの介助者を見ると，あたかも乳幼児をバギーに乗せている母親に出会った時のように，車いす使用者ではなく，高さが同じで視線を合わせやすい介助者の方に無意識に話しかけてしまう。

　障がい当事者が参画する教育研修における車いす疑似体験では，上記のような認識の違いが，障がい当事者から研修受講者たちにその場ですぐに指摘され，車いすやバリアや介助者に対する捉え方の違いが明らかになる。それに対して，障がい当事者からの指摘がない従来型の車いす疑似体験においては，結局のところ車いす使用者の不便さに対しては，介助者が配慮することによって外界の物理的バリアが軽減されると発想しがちである。しかし，障がい当事者が参画する車いす疑似体験においては，障がい当事者から，車いす操作の主体はあくまでも車いす使用者自身であるという異なる視点から指摘が行われ，研修受講者たちは障がい当事者の視点に立った環境改善の必要性を考えさせられるという効果がある。介助者が車いす操作の主体とみなされた場合には，介助者はいかに車いす使用者に対して配慮を行うのか，外界のバリアから守るのかという視点ばかりが強調される。障がい当事者の意思に基づく移動を重視した場合は，それを妨げている周囲の物理的なバリアをいかに解消するべきなのかという視点が重視されることになる。

　このように，車いす使用者たちは，学内実習授業に参画して，教材作成，授業の実施，振り返りといった一連の授業過程に参画するだけではなく，大学内外のバリアの点検に参画して，自治体の交通バリアフリー対策に貢献したり，住民を対象とした社会福祉教育や，援助専門職を対象とした現任者訓練にも参画したりするようになっている。そして，以上の活動をとおして，大学内外の環境改善のアドバイザーとしてまちづくり活動を促進する役割を担っているのである。

3　アカデミック・ユーザー

　交流事業に参加している障がい者のうち，環境改善のアドバイザーや，まちづくりの促進者の役割を担っているのは，車いす使用者を主とした身体障がい者だけではなく，精神障がいや，発達障がいの人たちも含まれている。また，彼らが参加している援助専門職を対象とした研修のテーマも広がりをみせてき

ている。

　たとえば，交流事業に参加してきた精神障がいの当事者たちも，医療や福祉サービスの現場での，実際の援助専門職との実際のやりとりに基づいた映像教材を作成して，学生や援助専門職の現任者研修において，それらの教材を使用したロールプレイ演習のファシリテーター役やコメンテーター役を務めたりしている。

　2017年度は 7 月と11月に医療・福祉関係者の継続的な現任者研修の参加者や修了生15名を対象とした研修プログラムの企画実施において，交流事業に参加している心身障がい者とそのケアラー等 3 名が講師としても参加して，筆者がその補佐を行った。彼らが参加した研修プログラムのテーマは「ヤングケアラー」「障がい平等研修」「模擬支援計画作成のためのインタビューのワーク」等であり，参加者からは「生の声を初めて聞いた」「このような形で医療や福祉サービス利用者と討議したことはなかった」といった感想が得られた。次いで，2018年度は社会福祉法人が実施している援助専門職の現任者訓練プログラムの20回シリーズのセミナーや，就労移行支援事業所の職員向けの継続研修プログラムのなかに「障がい当事者参画の研修」を位置付けて実施したところ，参加者から反響があり，2019年度はさらに拡大を目指している。

　認知症ケアに関わる援助専門職や，学生や住民を対象として，毎年 1 回定例実施してきた「認知症ケア公開研修会」では，2017年度のテーマとして「障がい福祉サービスから介護保険サービスへの移行に伴い生じている高齢障がい者の支援に関わる様々な問題」（65歳問題）に焦点を当てて，交流事業に参加している身体障がい者 2 名が話題提供者として参加した。彼らは障害者総合支援法の下でサービスを受けてきて，これから高齢期を迎えようとしている人たちであり，話題提供のテーマは「障がい当事者は65歳問題をどのように捉えているのか」である。また，研修会におけるグループワークには，交流事業に参加している障がい者や，地域に在住している障がい者も加わって，他の参加者とともに討議に加わった。

　以上の教育研修等の企画実施にあたっては，障がい当事者と作成してきた教

材作成の取り組みとも関連させて作成した教材を，実際に活用している。ひとつは，障がい当事者やケアラーたちにライフストーリーを記述してもらい，それをもとにした小冊子を作成する取り組みであり，身体障がい，精神障がい，高次脳機能障がいなどの心身障がい者がすでに6本の冊子を作成して，各種研修会での障がい当事者による話題提供等において活用している。

　また，サービス利用場面や介助場面における利用者と周囲の人との軋轢や葛藤を素材とした視覚教材も作成しており，現在までに，身体障がい，精神障がい，認知症などに関わる視覚教材を作成して，学生や援助専門職，一般住民の社会福祉教育などのロールプレイ教材として活用している。今年度は「大学構内で転倒した車いす使用者と，それを助け起こすことをためらう学生」という，交流事業に継続参加している障がい当事者が実際に学内で体験したエピソードの再現ビデオである。DVD化されたこの教材は，学生を対象とした学内実習授業のロールプレイ教材として活用するとともに，「何がためらいの原因になったのか」「どうすれば助け起こしやすいのか」について，学生と障がい当事者との討議材料とした。

　以上の研修や教材作成の取り組みは，大学COC事業2017年度地域志向教育研究ともいき研究〈住民参画型〉「京都府南部地域における障がい者就労支援に関わる研究」や，地域協働研究教育センター地域志向協働研究〈共同研究プロジェクト〉「高齢者ケアに焦点をあてた多職種相互乗入型の研修プログラムの開発に関わる研究」や，大学COC事業2018年度ともいき研究〈障がい当事者のリソースを活用した教育とまちづくりに関わる実践的研究〉などに基づいて実施したものである。

　このように，2017年度からは，学外で実施している援助専門職の現任者を対象とした研修プログラムにも交流事業に参加している心身障がい者が参画するようになり，「障がい平等研修」を紹介するとともに，実際の研修プログラムにおいて，教材作成者，ロールプレイ演習のファシリテーター，模擬支援計画作成のためのインタビューイー（インタビューをされる人）の役割を担うようになっている（図4-1）。これらの活動はアカデミック・ユーザー（academic

現任者研修

認知症ケア公開研修会

DVD教材作成風景

作成した教材

図4-1　学外での研修の様子

user）と呼ばれる役割でもある。

　イギリスでは国策として，医療や福祉サービスの利用者のサービス計画への参加の必要性が強調されるようになっており，援助専門職の養成教育のなかでも，利用者が果たすべき役割のひとつとしてアカデミック・ユーザーとしての役割が指摘されている。たとえば，「患者」として授業での体験談や話題提供などのプレゼンテーション，少人数のセミナーでのファシリテーションやロールプレイ演習のデモンストレーションを行うだけではなく，学生への個人的な教授を行い，フィードバックを与えたり，学生評価を当事者が参画する社会福祉専門教育で行ったり，教育プログラムの評価に貢献するなどである（Butterworth & Livingston, 1999）。また，スピーカーの役割だけにとどまらず，トレーナーやワークショップのファシリテーターとして働いている利用者や，利用者の組織も存在しており，彼らのためにトレーニングパックを開発する組織も存在する（Ikkos, 2003）。

　イギリスの実情についての文献レビューによれば，援助専門職の養成教育への医療や保健福祉サービスの利用者参加は，伝統的な教育モデルにおいて強調されてきた「規格化され標準化された視点」とは異なる視点を学生に与え，経験からくる知識をもたらすという意味において，利用者はエキスパートであり，学生に対して教師の役割を果たしているとされている（Stacy & Spencer, 1999）。利用者参加の教育に対する学生たちの評価は高く，利用者自身にとっても，将来の仲間を助ける機会であるとともに，自分自身への満足度や自己信頼，エンパワーにつながっているとされている（Livingston & Cooper, 2004）。以上と同様の効果は，すでに紹介した障がい者との交流事業の一連の取り組みのなかでもみられるが，大学での活動については残念ながら様々な制約が生じるようになっており，今後は大学から独立した形で教育参画を目指す障がい当事者団体を組織化する必要性も感じられる。

　大学と大学が立地するコミュニティにとって，障がい当事者のリソースは，大学教育と地域活動に大きな役割を果たせるし，その役割が果たせるような大学環境づくりやコミュニティづくりを促進するべきである。学内外の福祉関連

事業や，まちづくりに参加している障がい当事者たちを，環境改善の促進者やアドバイザーとして位置付けることは，多様な人たちが安心して暮らせるコミュニティづくりと，彼らのリソースを生かした活動や働く場を地域社会のなかで創出することにもつながると考えられる。

第5章
障がい当事者が参画する防災活動

　ここでは，障がい者との交流事業に関わる取り組みとして，障がい当事者が参画する防災活動について記述する。

1　向島ニュータウンと災害

　交流事業の取り組みに参加している障がい当事者の一部は，京都市向島地域の障がい当事者でもあり，地域で生活している障がい当事者のまちづくり活動とも関わりをもつようになっている。そのような活動のひとつとして，向島ニュータウンの障がい当事者と住民が共同した災害準備のための活動が挙げられる。

　京都市伏見区南部の向島に存する向島ニュータウンは，京都市伏見区・宇治市・久御山町にまたがる場所にかつて存在した巨椋池と呼ばれる広大な淡水湖の干拓地に1972年から造成され，1977年に町開きした地域である。この地域は，京都盆地の最も低いところに位置し，琵琶湖から流れ出る唯一の河川である宇治川と，木津川，桂川との合流点でもあった。豊臣秀吉の伏見城建設に伴う干拓に始まり，明治期に干拓が終了した後も，標高や地形はほとんど変化しておらず，豪雨の際には地域全体の雨水が流れ込んでくるため，度重なる水害に見舞われている。特に1953（昭和28）年の豪雨とそれに続く台風13号による洪水では，甚大な被害が発生している。また，この大洪水を契機として，宇治川上流の天ヶ瀬ダムの建設（1964年完成）など治水計画の見直しが行われたという歴史がある。さらに，1989（平成元）年より，国内最大級の放水路トンネルを

建設する「天ヶ瀬ダム再開発計画」が進められていたが，反対運動や水需要の減少等により2003（平成15）年に計画の見直しが図られ，事業はいったん頓挫した状態となっていた。しかし，2013（平成25）年6月から本体工事が開始されている。そうした経過のなかで同年9月の台風18号の接近に伴う豪雨の際には，同ダムの貯水上限水位まであと30cmに迫り，非常用ゲート4門を開門しての放流が行われ，その結果，宇治川は氾濫危険水位を突破して，宇治市は流域住民6万人余りに避難指示を発令した。

　以上の歴史的な経過に加えて，近年は各地で想定外の災害が頻発していることから，向島ニュータウン地域の住民の災害，特に水害に対する危機意識は高まっている。また，多数，同地域に在住している災害弱者といわれる障がい者や高齢者，中国からの帰国者（以下，中国帰国者）の人たちの防災が課題になっている。実際，想定外の災害に見舞われて宇治川が決壊すれば，ニュータウンは3階付近まで水に浸かると言われており，身体障がい者住宅に暮らす人からは「死ななしょうない」といった半ば諦めているような言葉も耳にする。

　一方，向島ニュータウンにおいては，2016年度末に策定された京都市の「向島ニュータウンまちづくりビジョン」に基づき，地域において「推進会議」が設置されている。推進会議には，自治連合会・地域団体，事業者，大学，行政等のメンバーが幅広く参画しており，ビジョンに掲げた取り組みを具体化していくためのワーキンググループが組織されている。

　ワーキンググループ（以下，WG）には，「魅力発信」「商業地賑わい」「住環境」「子ども若者支援」「暮らし安心」「防災」などがあり，そのうち「暮らし安心」WGでは，障がい者，高齢者，中国帰国者の地域課題解決のための取り組みが実施されてきた。また，「暮らし安心」WGでは，多様な人々が交流する活動拠点づくりに向けた各団体との連携および地域住民への理解促進を目指して「にじいろプロジェクト」というプロジェクトが結成されており，視覚障がい当事者の黒多健氏（日本基督教教団向島伝道所）がその代表を務めている。

　京都市は「向島ニュータウンまちづくりビジョン」を踏まえて，地域主体のまちづくり活動を支援し，ニュータウンの活性化の取り組みを推進するため，

2018（平成30）年に「向島ニュータウン・地域団体活動ステップアップサポート事業」という助成事業を創設した。「にじいろプロジェクト」は，同年2月にこの事業に採択され，毎月定例のミーティングを開催して，情報共有や各種事業実施の検討を行っている。また，各種の地域イベントに参加したり，京都市内で実施されている多文化共生を目的としたカフェ事業を見学したり，障がい者，中国帰国者などの多種多様な住民同士の対話や交流を目指した「シネマとトークの会」を開催したりするなどの取り組みを実施して，住民同士の交流を図ってきた。

　「にじいろプロジェクト」が結成された背景には，障がい者や中国帰国者など災害時の要配慮者には，自治会の役がなかなか任されなかったり，地元で実施される避難訓練に参加しにくい状態が生じている状況を，何とか解消していきたいという目的もあった。

　向島ニュータウンにおける防災活動は従来から実施されているが，障がい者や高齢者，一人暮らしの人，言葉の不便を抱える中国帰国者などには，避難訓練等の情報が入りづらかったり，一斉防災行動訓練のような活動では，参加しても，ともすれば「お客さん状態」になってしまったりしたことから，参加しやすい形での災害準備活動が望まれていた。

　そうしたなかで「にじいろプロジェクト」や，地元の防災会の代表を障がい当事者が務めるなどの機運があり，むしろ災害時の要配慮者を主人公として，そこに住民や関係者が加わる形式での災害準備活動を行えないかという発想が生じてきた。

　近年，東日本大震災や熊本地震をはじめとした日本各地の風水害，地震災害などでは，障がいをもつ人の死亡率が高いことや，バリアフリーでないことを事由とした避難所での受け入れ拒否や，周囲に迷惑や負担をかけることを恐れて障がい者の側が避難所に行かない，行けないといった事態が生じており，災害時における要配慮者の避難支援体制の整備が，全国的にも喫緊の課題となっている。

　京都市においても，関係団体や社会福祉施設などの協力の下で，福祉避難所

の事前指定，災害時における物資（福祉用具等）の提供や福祉避難所への介護員の派遣に関する協定の締結，個別避難計画やヘルプカードの作成など，災害時における要配慮者の避難支援体制の整備が進められている。

　しかし，自宅から一次避難所（学校等）の施設までどのように行くのか，自宅から何を準備して出るのか，一次避難所や，一次避難所から福祉避難所に行く場合にはどのような配慮が受けられるのか，といった不安や心配の種はつきない。また，避難というと，一般には避難場所などへ避難する「水平避難」が原則ではあるが，誰がそれを手伝ってくれるのか，さらに近年は，避難する時間的余裕がない場合には住宅の上の階などに避難する「垂直避難」の必要性が指摘されているが，「水平避難」か「垂直避難」かについて，どの段階でどのように判断するのか，といった水害に関する避難の手順やタイミングの問題がある。

　特に，認知障がいがあり，状況判断に困難さを抱える知的障がいや精神障がいの人などにとって，避難のタイミングの判断は困難である。また，避難所においても，発達障がい等により聴覚過敏などの刺激過多な状況を嫌う人には，避難所の環境が耐え難い場合もある。加えて，家族構成や住宅環境等，適切な避難行動，避難のタイミングは，各居住者等で異なる場合があり，特に一人暮らしの障がい者や高齢者などでは，緊急の際の一次避難所や指定された二次避難所や福祉避難所に移動する際に必要な事項について，本人も周囲の人も具体的なイメージがもてないという状況がある。

　そこで，普段から顔なじみの住民や関係機関が協働して，障がい当事者の具体的な個別避難計画作成のためのワークショップを開催することとなった。

2　障がい当事者が参画する災害準備のためのワークショップ

　ワークショップは，国立障害者リハビリテーションセンター障害福祉研究部社会適応システム開発研究室室長の北村弥生氏と，自立生活センター「自立の魂（じりたま）」の障がい当事者スタッフで災害準備のワークショップのファシ

リテーターをしている小野和佳氏を招いて，「にじいろプロジェクト」「二ノ丸自主防災会」「向島ニュータウンまちづくりビジョン暮らし安心WG」「京都文教大学ニュータウン研究会」「京都市南部障害者地域生活支援センターあいりん」の共催で2018（平成30）年9月9日に愛隣館研修センターで実施した。

　北村氏らの研究グループは，所沢市の障がい者や，北海道の浦河郡浦河町の社会福祉法人浦河べてるの家の精神障がい者らと協働して「障害者の防災対策とまちづくりのあり方に関する研究」（北村，2012〜2014）を行い，そのなかで「障害のある当事者と共同して進める災害準備研究」を展開して，障がい者を主体とした個別避難計画の作成のためのワークショップを開催している。

　ワークショップ主催者の意図としては，障がい者に対する防災の取り組みを学ぶとともに，今後は向島ニュータウン地域においても，要配慮者を主体とした災害準備活動を自分たちの手で展開していきたいという想いがあった。

　そこで，ワークショップの開催に向けて，「にじいろプロジェクト」「暮らし安心WG」のメンバーらと数回にわたって打ち合わせを行った。また，打ち合わせの時から，「災害時の避難所において，避難生活を送る上で想定される要配慮者の体調や心身状況の悪化などの二次被害を防ぐため，2014年度に福祉専門職で構成するチーム」（京都DWATのHPから引用）である京都府災害派遣福祉チーム（京都DWAT）や，地元の防災会等の自治組織や関係機関等の協力を得た。

　個別避難計画作成の対象となったのは3人の障がい当事者で，そのうち2人は身体障がい当事者で，ハザードマップによれば水害時は予測浸水が0.5〜3mの地域に居住している。この2人のうちの1人は身体障がい当事者の矢吹文敏氏（自立生活センター・二の丸地域防災会代表）であり，水没するとされるニュータウンの1階に居住している。もう1人は視覚障がい当事者で一人暮らしの黒多健氏（日本基督教教団向島伝道所・にじいろプロジェクト代表）で，浸水が予想される2階に居住している。彼らは主催者側の人たちでもあるが，個別避難計画作成のためのモデル事例としてもワークショップに参加した。他の1人は，浸水はしないとされているが，孤立が予想される3階に居住している一人暮ら

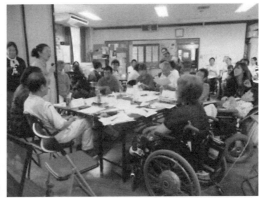

図5-1　ワークショップの様子

　しの知的障がい者の女性である。

　ワークショップに先立ち，それぞれの自宅をビデオ撮影して，ワークショッ
プ当日に上映して，参加者が彼らの居住環境について具体的なイメージをもて
るようにした。また，北村氏の指導の下で行われた，事前のヘルプカード作成
のためのアセスメントでは，本人にとって必要な連絡先や医療福祉などに関す
る連絡先，災害時の手順，服用している薬のカード（写真有），広域避難候補地
や避難所の環境確認，避難所までの経路確認等，項目毎にあらかじめ必要事項
を記述してもらい，聴き取りを行い確認したりした。

　ワークショップ当日は，障がい当事者，地元住民，関係者，大学教員ら50名

の参加を得た。午前中のプログラムでは，災害時個別避難計画についての北村氏の講演や，「自立の魂（じりたま）」の障がい当事者スタッフの小野氏の報告，次いで，昼休みの防災食の試食を挟んで，京都 DWAT の取り組みおよび岡山派遣に関する報告を受けた。午後からは，上記の 3 人の障がい当事者をモデル事例とした個別避難計画作成のためのグループワークを，モデル事例毎に 3 グループに分けたバズセッション方式で実施した。

　各グループでは事前に行ったアセスメントに基づく具体的な課題，たとえば，①飲食料は何を備蓄するか，②在宅避難で備えるべき物は何か，③持ち出し袋には何を準備するか，④一緒に避難する仲間や支援者には，どんな時に，どうやって連絡するか，⑤隣の家に頼むことはあるか等を設定して，本人が希望する優先順位が高い項目から，グループワーク参加者と仲間・支援者で解決方法を話し合い，次いで各グループの報告を受ける全体会を実施した。

3　障がい当事者がモデル事例になることの意味付け

　ワークショップの取り組みで印象的であった 1 つ目の事柄として，打ち合わせやアセスメントの段階から，災害時の不安や気がかりが積極的に出されたことである。

　たとえば，主催者側であり障がい当事者でもある矢吹氏からは，「自分だけが助かればいいというあり方に不安を感じる。配偶者や隣人や友人のこと，自分よりも大変な方がいることも気になる」「緊急事態に他の人と共有できる連絡先を設定できないだろうか」という意見が出された。また，黒多氏からは「指定避難所自体が低地でもあり，最近は想定外の災害が起こっていることから，より安全な高地の指定避難所への避難も想定するべきではないか」等の意見が出された。さらに，知的障がい当事者からは「ヘルパーから金銭管理のための指導を受けているので，持ち出しバッグのグッズを購入しづらい」という趣旨の訴えもあった。

　このように，個別避難計画において問題となる事柄は，家族や友人・知人や

近隣の住民や支援者等との日常的な関係性が影響を及ぼしてくる。そのため，個別避難計画だからといって「個別」の問題のみに焦点を当てるのではなく，「公共」的な問題も必ず扱われるべきであり，今回モデル事例になった人たちは，打ち合わせの段階から，各々がもつ公共的な意識を表していたと思われる。

　2つ目は，命や暮らしに関わる話題に対しては，同じ地域に居住する参加者同士は接点や共通項があるため，グループワークにおいては傾聴や対話の姿勢が促されるという特徴がみられたことである。以上の特徴は，認知機能に障がいをもつ知的障がい者と住民や支援者，仲間や友人たちとの間にもみられた。

　たとえば，モデル事例となった知的障がい当事者の話が脱線したり，話が迂回したりした際も，支援者が話を本筋に戻そうとしたり，当事者自身も努力して話の本筋に合わせようとしていたことはきわめて印象的であった。同時に，グループワーク参加者の住民たちもそのやりとりを根気強く傾聴して，そのうえで意見を述べていたことも興味深い。

　たとえば，知的障がい当事者から「避難の際に電気ブレーカーのスイッチを切るように言われるが，スイッチに手が届かない」「避難所まで誰とどのように行けばいいのかわからない」という不安が出されると，それを受けたグループワークの参加者からは「傘や棒を使ってブレーカーを切ってはどうか。その練習もすればどうか」という意見が出され，地元の防災会の参加者から「集合場所を決めているし，今度の防災訓練でもその場所を確認しているので，そうした機会に確認してほしい」という提案が続いた。

　さらに「避難所での生活には不安はない」と本人が発言した際に，すかさずその友人から「この人は声が大きいので避難所では周囲の人に迷惑ではないか」との趣旨の発言があり，それを受けた本人からも「私は大声で寝言を言うので不安だ」という趣旨の発言が続いた。また，以上のやりとりを傾聴していたグループワークの参加者からは「体育館は大勢の人がいて不安だということなら，そこから隔離された安心な場所として教室を確保する必要があると思う。その交渉も事前にしておく必要がある」といった提案があった。加えて，その発言を受けた本人自身からも「ぬいぐるみを持っていると不安が和らぐので持

ち出したい」といった対処案が出された。

　3つ目は，個別避難計画作成のためのモデル事例になることへの意味付けや，グループワークにおいて焦点が当てられた事柄が，モデル事例となった障がい当事者によっても異なっていて，各々の性格や，地域における社会的な役割や家族構成，障がい特性の違い等に関連した個性がみられたことである。

　たとえば，身体障がい当事者の矢吹氏は，運動体のリーダーや地元の防災組織の代表者でもあることから，自分以外の家族や友人や仲間のことを想定して，それらの人たちとの共通項を，極力見出そうとしているかのように筆者には思えた。

　一人暮らしの視覚障がい当事者の黒多氏は，災害に備えて家具の固定や飛散物の防止フィルム貼り等の自宅環境の整備と，避難経路の地形や刻々と変化する水位に合わせた避難行動のタイムラインの作成やアクセスしやすい情報の入手方法等に関する見取り図がイメージできることを重視しているように思えた。以上は，自分の避難を想定しての準備という意味合いだけではなく，「周囲に迷惑をかけない」かつ「周囲の人にも貢献したい」という意味合いが筆者には感じられた。ちなみに彼は，水害に備えてすでにゴムボートを購入しているが，その活用方法も，自分の避難だけではなく，住民のための物品の搬送なども想定している。

　それに対して一人暮らしの知的障がい者にとっては，個別避難計画作成のモデル事例になることは，グループワークという舞台を得て主人公として脚光を浴びることでもあり，かつ自分の暮らしや嗜好に対してグループワークの参加者全員から興味をもってインタビューされる機会でもある。時として話が本筋から離れたり，迂回したりすることはあっても，総体的にはグループワーク進行に対して協力的であり，終了時まで「演歌を歌いたいが我慢する」という自己抑制ができていた。ちなみにグループワーク終了後は，京都文教大学教授の馬場雄司氏の伴奏により，無事，参加者の前で演歌を歌うことができた。

　4つ目は，今までに挙げた特徴と関連して，ワークショップ全体の雰囲気が，よくいえばにぎやかで和気あいあい，悪くいえば混沌としており，一見すると，

誰が主催者で誰が参加者なのかわからない様相を呈したことである。たとえば，昼休みには，避難用の既製品の担架や参加者手作りの布製の担架が紹介されたが，すぐに試そうとする人たちと，それを取り囲む人たちが現れて，その場でそれらの人たちから様々な感想が出されて，参加者にすぐに共有されたことである。このような参加型，体験型のワークショップ全体において，参加者が主体的，能動的に振る舞い，障がいがある人もない人も一緒に楽しんで参加できていたことは，向島ニュータウンの特徴として誇れるべきことではないだろうか。

　5つ目は，すぐには解決できない多くの課題が出されることにより，課題解決に向けての次の展開を継続的に行う必要性がみえてきたことや，各地域で行われている防災訓練と関連させて，防災のネットワークづくりに貢献することの必要性が判明したことである。

　今回のワークショップでは，障がい当事者の個別避難と，自宅からの避難に主に焦点が当たったが，今後は，中国帰国者，高齢者等の災害要配慮者にもこの取り組みを拡大して継続していくことや，自宅から避難所への経路や，避難所運営の問題へと，避難のタイムラインのモデルを作成していくことが必要だと思われる。そのため，以上の取り組みに引き続いて，2019（平成31）年 3 月10日には，向島ニュータウン地域の災害被害を想定し，避難のタイムラインを明確化していくために，災害の専門家の講演と，避難行動の際の課題等を考えるワークショップを開催した。次いで 5 月19日には，自宅から避難所への経路と，課題を実際に確認するための「防災タウンウォッチング」を障がい当事者と住民が共同で実施して，障がい当事者の視点から避難経路の課題の抽出を行った。

　今後は，災害要配慮者に対する個別避難計画の作成と，地域住民を対象とした一斉避難訓練等との間につながりを築き，地域全体に成果を還元していくことをとおして，住民全体にとっても有益な事業とすることが必要だと思われる。

第Ⅱ部

高齢者からみた参加しやすいまちづくり

第6章
「認知症の人にやさしいまち・うじ」の実現に向けて

1　認知症とともに生きる時代

　眩しく強い陽射しのなか，寒冷紗で覆われた茶畑に足を踏み入れると，そこは別世界だ。年齢も様々な70名ほどがお茶の木に向かって並び，畝を隔てて向かいあい，茶摘みに精を出している。柔らかい新芽を誰よりも手際よくサッサと摘んでいかれるのは，70代の認知症の女性だ。その方に手ほどきを受けながら，20代の若い学生が茶摘みを覚えていく。女性は時に子どもの頃の思い出を語り，茶摘みの歌を口ずさみながら，手を止めることはなく，仕事をこなしていく。そこには笑顔の交流があり，また真摯な仕事がある。夏も近づく八十八夜，宇治の地にこのような風景がみられるようになって，もう4年になる（図6-1）。

　この茶摘みの取り組みは，実は，認知症当事者の就労支援の一環として行われている。この日摘まれた21kgの茶葉には対価が支払われ，その報酬は認知症当事者の方々が受け取っている。伝統産業である宇治茶の茶摘み手不足に対して，認知症当事者が良質な労働力を提供するという，認知症当事者と茶園企業との win-win 関係を目指した，宇治市のモデル事業である。

　私たちの暮らす日本が高齢化社会といわれるようになって久しい。高齢化率（総人口に対する65歳以上人口の比率）は2017年現在で27.7％と，堂々の世界第1位である（内閣府，2018）。3.6人に1人が高齢者という社会に，私たちは生きている。それでは，そのうちどれくらいの人が認知症を患うことになるだろうか。2012年には高齢者の約7人に1人（有病率15.0％）だったが，2017年現在

では高齢者の約6人に1人が
認知症を患っていると推計さ
れる（内閣府, 2017）。つまり,
今日あなたが20人に接すれば,
およそ1人は認知症を持つ人
と出会うことになるのだ。こ
の傾向は右肩上がりで進み続
けると予測されている。

　認知症は誰もがなりうる病
いである。日本人の平均寿命

図6-1　茶摘み

は, 男性81歳, 女性87歳（2017年現在）だが, 85歳以上の認知症有病率は
55.5％と推計されている（三菱UFJ信託銀行, 2019）。つまり, あなたが平均的
に生きれば, 認知症にかかる確率の方が高い。したがって, まずは認知症を他
人ごとではなく自分ごととして捉える必要がある。人は年を重ねるにつれて,
記憶力の低下やできていたことができなくなるという「老い」を体験していく
が, 認知症を持つということは, 比較的早い時期から, 比較的早いスピードで,
認知的な「老い」を体験することだといえる。

　認知症に対して, あなたはどのようなイメージを持っているだろうか。最近
の調査でも, 認知症はなりたくない病気の第1位である。認知症になると何も
わからなくなるから？　果たして本当にそうなのだろうか？　認知症の症状に
は, 物忘れや認知機能の低下があり, これまでできていたことがしにくくなる。
しかし, 認知症と診断されてもすぐにそのような状態になるわけではない。近
年は早期診断・早期支援が重視され, 若い年齢で, あるいは早期に認知症と診
断される人が増えている。そのような人は, 適切なサポートがあれば, 日常社
会生活を維持することができる。そして, 必要な薬とともに, 日常社会生活を
維持することが, 認知症の進行を緩やかにするのだ。

　認知症の支援というと, これまで医療や介護福祉のような専門領域の対象と
いうイメージがあったかもしれない。しかしながら, このように認知症が身近

となった社会においては，認知症とともに生きていく社会が実現するよう，医療・福祉領域だけでなく，社会全体にその理解と支援を広げていくことがテーマとなっている。世界的にも，認知症にやさしい地域（Dementia Friendly Community : DFC）をつくっていくためのムーブメントが起きており，イギリスでは，認知症当事者を中心として，社会の様々な領域から認知症とともに生きるためのアクションを起こす，認知症アクションアライアンス（Dementia Action Alliance : DAA）活動が始まっている。

　私たちの宇治市では，これまでの認知症についての取り組みの流れのなかで，全国の自治体としては初めて，2015年に「認知症の人にやさしいまち・うじ」を実現することを，認知症当事者の方々とともに，市長が宣言した。そして，1年の準備期間を経て，2016年から「宇治市認知症アクションアライアンス（愛称：れもねいど）」を始動した。認知症アクションアライアンスとは，認知症にやさしい地域を実現するための，世代や立場を超えたつながりのことだ。認知症当事者を中心に，私たち一人ひとりが「自分ごと」として認知症とともに生きていくアクションを起こしていこうとするものである。

　認知症当事者が社会生活のなかで関わる地域の場として，買い物をするお店，交通機関，金融機関，交番などがある。認知症の正しい理解のためには，小学校・中学校・高校などでの認知症教育も非常に大切である。そして，宇治市にある唯一の大学として，私たち京都文教大学からはどのようなアクションが起こせるのだろうか。大学には教育・研究・社会貢献の3つの活動の柱がある。まずは，社会貢献として，学生たちがDAA活動に参画することで，若い力がインプットされ，世代を超えた交流が実現する。そのような現場教育（OJT）を通して，学生たちが認知症サポーターとなり，そのなかから認知症専門職（臨床心理士，精神保健福祉士，介護福祉士）も育っていく。そして，大学に求められるものとして，研究がある。

2　認知症当事者の声を聴き取る方法

　このように，認知症当事者（本人や家族）を中心に，認知症とともに生きて
いく社会を実現するためには，認知症の当事者がどのような世界を生き，どの
ような体験をしているかを理解することが何よりも大切である。そうすれば，
当事者がどのようなサポートを必要としているのかが，自ずとわかってくる。
従来の認知症施策や支援は，えてして支援者の視点から良かれと思うものにな
りがちであり，残念ながら認知症当事者の視点が抜け落ちていた。その反省か
ら，2015年の国の認知症施策推進総合戦略（新オレンジプラン）には，「認知症
の人や家族の視点の重視」という軸が盛り込まれた。

　しかしながら，物忘れや認知機能の低下を抱える認知症の人の声をどう聴き
取るかについては，イギリスや日本を含めいくつかの試行研究はあるものの，
方法論はまだ確立していない。そこで，私たちは，宇治市認知症アクションア
ライアンスの始動に伴い，認知症当事者を中心とした研究活動を行うことにし
た。この研究活動は，文部科学省「地（知）の拠点整備事業」（大学 COC 事業）
の研究助成も得て，「宇治市認知症アクションアライアンスに関する当事者研
究」として，認知症当事者である「れもんの仲間」，京都府立洛南病院，宇治
市，宇治市福祉サービス公社，そして京都文教大学の産官学協働型共同研究と
して実施している（宇治市認知症当事者研究チーム，2016；2017；2018）。

　研究の目的は，①認知症の本人や家族がどのような世界を生きているのか，
②そのなかで，どのような支援を必要としているのか，そして，③認知症とと
もに生きる知恵や技術，を明らかにすることである。そのような研究活動をと
おして，当事者の思いや経験を聴き取り形にする方法論を確立し，当事者が施
策立案と施策評価に参画できるようになることを目指している。

　認知症本人，家族，協力者を対象に，以下のような方法で研究活動を進めて
いる。

（1）生活の中での記録

認知症本人，家族，協力者それぞれが，生活の中での思いや体験を記録として書き留める。これは生活のなかで紡ぎ出される，その時その場での思いや体験を大切にしたいという考えに基づいている。認知症症状からの物忘れを補う技術でもある。

もともと，宇治の当事者チーム「れもんの仲間」は，自身の認知症とともに生きる体験を，パートナー（配偶者や子）とともに書き綴っていた伝統があった。「れもねいど」が始まるまでの3年間（2013～2015年）に書き綴られたものは，「旅のしおり」として冊子にまとめられている（宇治市認知症当事者研究チーム，2016；2017；2018）。れもねいどが始まってからは，次に述べる毎月のグループミーティングにそのように書き留めたものを持ち寄っている。

さらに，れもねいど活動後，参加者による評価を行っている。評価には全ての活動に共通するフォーマット（れもねいど評価票：満足度，良かった点，改善点を記載）を使用し，データベース化している。評価をまとめ，当事者研究チームで共有し，次の活動に生かすようにしている。

（2）グループミーティング

認知症の本人と家族で構成する当事者チームに，協力者，学生などを加えた当事者研究チームで，定期的に（月1回）グループミーティングを開催し，生活のなかでの思いや経験を共有している。そのなかから，認知症とともに生きていく共通の知恵や技術が生まれたり，相互的なやりとりのなかから新たな知恵や技術が生まれてくることが期待される。

グループミーティング参加者は，当事者チーム6～8組12～15名，平尾ゼミ3年次生13～16名，れもねいだー（認知症サポーター市民ボランティア）6～9名，および協力者（京都文教大学，洛南病院，宇治市，宇治市福祉サービス公社スタッフ）を中心としながら，毎回のテーマに応じて京都府や京都認知症総合センター，そして企業からの参加者も加わり，計40～70名ほどである。1テーブル8～11名ほどになるようにグループ分けをし，認知症の本人と家族を中心にそれぞれ

図6-2 グループミーティング

表6-1 認知症当事者と大学のコラボレーションのアイデア

認知症の方が一人歩きをすることができる街	日常に寄り添う
散歩	
学生とペアをつくって実践	
買い物のサポート	
定期的な交流	
大学生がデイサービスに訪問	一緒に体験
幼い子とのかかわり	
ニコニコルームとのコラボ	
昔あそび	
スポーツ テニスなどなど	
レクとか	
一緒に物づくり体験	
音楽会	
大学に来ていただいて講演会	学生が知る学ぶ
サポーター養成講座	
学祭	学生の雰囲気が味わえる
カフェ運営	

の立場からの参加者が集う。まさに認知症アクションアライアンスの雛形である。

2016年6月の第1回グループミーティング（図6-2）では，「認知症にやさしいまち・うじ」の実現に向けて，当事者と大学でどのようなコラボレーションができるかについてのアイデアを出し合い，KJ法でまとめた（アイデアの一部を表6-1に示す）。

このようなアイデアのうち，実現できるものを一つひとつ実施していった。

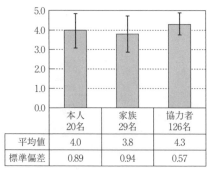

	本人 20名	家族 29名	協力者 126名
平均値	4.0	3.8	4.3
標準偏差	0.89	0.94	0.57

図6-3　大学での活動満足度

3年を経て，以下に述べるように，大半が実現している。

　グループミーティングや活動後には毎回，れもねいど評価票による評価を行っている。2016年度の満足度評価は図6-3のようであった。加えて，学生たちには，毎回の活動後に認知症イメージの変化についてのレポートを課し，縦断的な認知症イメージの変化をフォローしている。その質的分析からは，学生たちの認知症イメージが，一般的で漠然とした，あるいは個人的な経験からの限定的なネガティブなものから，より個別化した具体的でポジティブなものへと，ダイナミックに変化していくプロセスが明らかになっている。

（3）個別面接

　当事者の個別性に合わせて，当事者の思い（生活のしづらさ，希望，地域の支援について等）を聴き取る試みである。また，質問紙調査（認知症アセスメントDASC，生活の質 WHO/QOL26，主観的幸福感 LSI-K）も実施した。これらの調査では，その調査内容とともに，物忘れや認知機能の低下を抱える認知症本人の調査を可能にする方法も検討している。

　2016〜2017年にかけては，6組12名（認知症本人6名，家族6名）を対象として，宇治市認知症アクションアライアンス始動前（ベースライン・第0期（T0）2016年2〜3月），始動1年後（第1期（T1）2017年2〜3月）に実施した。宇治市認知症アクションアライアンス始動後1年で，認知症の人にやさしいまちに

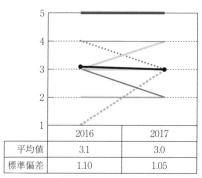

	2016	2017
平均値	3.1	3.0
標準偏差	1.10	1.05

図6-4　認知症の人にやさしいまち満足度
（太線は全体の平均を示す）

なっているかについての当事者満足度評価は図6-4のとおりである。この図からは，満足度変化は個人によって異なることがわかる。

　自由記述から得られた回答の質的分析からは，良かった点として，活動をすることで人に喜んでもらえた，人とのつながりが増えた，認知症の啓発活動が少しは浸透してきた，などが抽出された。改善点としては，より当事者同士の交流を促進する形，小学生など子どもに関わる機会の創出，支援の継続性や常設的な居場所の必要性，企業の参画・就労支援の必要性，より早期からより多くの当事者の参加と，中等度以上の認知症本人をどうインクルージョン（包摂）していくか，という課題が提起された。

　また，言語レベルだけでなく，イメージレベルでの心の動きを受け取るために，箱庭を用いたやりとりも試みた。

　以上の方法論は，年度ごとに経験を重ね，グループミーティングの実施方法，評価方法，評価のフィードバック方法，評価を次の活動につなげるための方法など，認知症当事者の声を聴き取り活動に生かしていく方法論を，さらに改善・進展させることを目指している。

3　認知症当事者を中心とした活動

2016年より，認知症当事者チーム，宇治市，宇治市福祉サービス公社，京都府立洛南病院を中心とした諸機関と連携しながら，宇治市認知症アクションアライアンス活動に参加してきた。以下，当事者研究チームとしての研究活動成果を紹介する。

（1）茶摘み

本章冒頭で紹介したように2015年より毎年茶摘みが開催されている。活動後には「れもねいど評価票」による評価を行った。2016年の第2回では，5件法による満足度評価は図6-5のようになり，非常に満足度の高い結果となったが，本人群の標準偏差が大きかったことから，本人群では満足度にばらつきがあることが示唆された。

自由記述で得られた回答の質的分析からは，良かった点として，茶摘みを通して認知症当事者と協力者・学生のコミュニケーションが促進されたことが抽出された。物忘れのある当事者であっても身体的に身につけた記憶は保たれており，以前に茶摘み経験のある当事者が手際よく茶葉を摘んでいく姿は，ふだんの認知症イメージを大きく変えるものである。若い学生たちが手ほどきを受けるシーンは非常に印象的であった。茶摘み体験にまつわる以前の経験を語られたり（長期記憶は保たれる），歌を歌われたり（情緒的な記憶は保たれる）する姿も印象的であった。

一方，改善点として，継続的な就労に向けての課題が明らかになった。伝統産業である宇治茶の茶摘み手不足に対して，認知症当事者が良質な労働力を提供するという win-win 関係を目指しているが，就労支援としての茶摘みに対する意識は参加者間で様々であった。その結果，茶摘みの対価は支払われたものの，摘まれた茶葉の中に古い茶葉や枝が入っていることがあり，就労意識の高い当事者からの厳しい評価も抽出された。

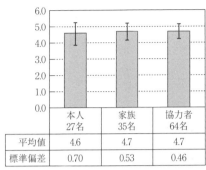

	本人 27名	家族 35名	協力者 64名
平均値	4.6	4.7	4.7
標準偏差	0.70	0.53	0.46

図6-5　茶摘みの満足度

図6-6　買い物支援

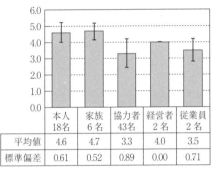

	本人 18名	家族 6名	協力者 43名	経営者 2名	従業員 2名
平均値	4.6	4.7	3.3	4.0	3.5
標準偏差	0.61	0.52	0.89	0.00	0.71

図6-7　買物支援の満足度

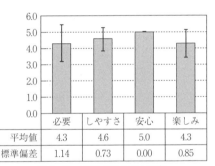

	必要	しやすさ	安心	楽しみ
平均値	4.3	4.6	5.0	4.3
標準偏差	1.14	0.73	0.00	0.85

図6-8　買物支援の本人評価

（2）買い物支援

　2016年10月のグループミーティングで，認知症当事者の生活支援の一つとして，買い物支援をテーマとし，アイデアのブレインストーミングを行い，KJ法によってまとめた。このようなアイデアをもとに，11〜12月にコープ宇治神明店にて，6回の買い物支援活動を実施した（図6-6）。活動後，「れもねいど評価票」と立場別に評価項目を設定した質問紙による評価を行った。

　量的分析からは，支援を受けた本人や家族は高い満足度を得たことが明らかになった（図6-7）。本人評価では，買い物支援による安心感の評価が高かった（図6-8）。一方で，協力者の自由記述から得られた回答の質的分析からは，

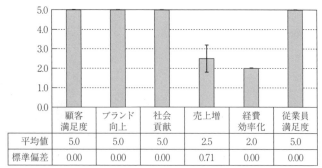

	顧客 満足度	ブランド 向上	社会 貢献	売上増	経費 効率化	従業員 満足度
平均値	5.0	5.0	5.0	2.5	2.0	5.0
標準偏差	0.00	0.00	0.00	0.71	0.00	0.00

図6-9　買物支援の経営者評価

改善点として，支援を必要とする対象者の見極め（認知症に対する忌避感から，支援の声かけに不快感を示す方々もいた）や，来店に至らない方々への移動・訪問支援などの必要性が明らかになった。

　経営者評価からは，支援活動の意義を深く理解されながらも，支援の継続に際しては，経営的な側面も含め，まだまだ課題があることが明らかになった（図6-9）。

（3）ともいき講座

　大学のアクション，認知症当事者と大学のコラボレーションの一つとして，認知症当事者を講師とした「ともいき講座」を大学で実施している。この3年間で5回の講座を実施し，5人の認知症当事者の方がパートナーとともに，認知症とともに生きる経験について，学生や地域の人に語られた。

　2016年7月の第1回ともいき講座では杉野さん夫妻に（図6-10），12月の第2回では伊藤さんご夫妻に，同志の森先生とともに，語っていただいた（それぞれ約180名，約160名の参加）。お二方の語りは参加者の心を動かし，認知症イメージについても大きく変化したことが明らかになった。12月の講演では，一人暮らしの認知症当事者の参加者から，今後の物忘れへの備えについて伊藤さんに質問があったシーンが印象的であった。

　2017年12月には中西さん夫妻に，ともに歩んでこられた宇治市福祉サービス

図6-10　ともいき講座（当事者の語り）

図6-11　ともいき講座（ポスター）

図6-12　ともいき講座（会場の様子）

公社の松本さん・杉山さんとともに，認知症とともに生きる経験について語っていただいた（約180名の参加。図6-11・図6-12）。さらに，2018年1月には日本認知症本人ワーキンググループで中心的に活動されている仙台の丹野さんとそのパートナーである若生さん，認知症当事者研究活動の第一人者である永田先生に，認知症とともに生きる経験，当事者活動について，語っていただいた（約500名の参加。図6-13）。

　2018年12月には海老澤さんに，地域医であり勤務先上司でもある門阪先生とともに，語っていただいた（約180名の参加）。語りとともに，Michiyo & オイワのライブも行い，長年の音楽パートナーであり友人である岩井さんのギター伴奏で，伸びやかで心に沁みる歌声を通しても表現された（図6-14）。

図6-13　ともいき講座（丹野さん講演）

図6-14　ともいき講座（当事者のライブ）

講座ではアンケート調査も実施し，認知症のイメージについて，講演前と講演後のイメージ変化について調査した。その結果，講座における当事者の語りは参加された方々の心を動かし，認知症イメージについても大きく変化したことが明らかになった（表6-2に一部を示す）。

（4）大学れもんカフェ

認知症当事者と学生のコラボレーションの一つとして「大学れもんカフェ」も開催している。これは2013年より宇治市内7地域で開催されている「れもんカフェ」（認知症カフェ）を大学でもやろうというもので，グループミーティングで生成したアイデアをもとに，認知症当事者と学生が協働してカフェ運営を行うものである。

　毎年12月に開催される地域に開かれた大学のお祭り「ともいきフェスティバル」（図6-15）を中心に，前述の「ともいき講座」の前後などに，これまで5回行った。認知症当事者の絵画などの作品・表現に囲まれながら，お茶やお菓子，音楽や卓球を通して，認知症のある人もない人も交流を楽しむ雰囲気に満ちている（図6-16・図6-17）。

　大学れもんカフェも年々少しずつ進化し，当事者やれもねいど加盟店舗によるレモネードやお菓子をメニューとして販売するようになった。また，当事者が育てた野菜の販売も行った。さらに，地域の様々な立場の人とともに，小学

表6-2 ともいき講座を経ての認知症イメージ変化

No	年齢	性別	認知症についてのイメージ	本日の講座を経てのイメージ変化
1	19	女	物忘れ、もの盗られ妄想、徘徊、手足の震え、話がまとまらない。	仲間と一緒に過ごし、周りの人々にも支えられながら、明るく前を向いて生活している。
2	19	女	悪化するにつれて周りの負担が大きくなっていく。夜歩き、目が離せない、ストレスがたまる。	私が想像していたものは、もっと重度のものだったんだなと感じました。それどころか、認知症と診断された人達はこの先どう生きていけばいいのか不安で仕方なくて、誰かの助けを待っているんだなと思いました。もっともっと周りの人が認知症のことを知って、明るく治療や生活をしていける環境づくりが必要だなと思いました。
3	22	女	進行して重度になってくると、自分のことも家族のこともわからなくなるというイメージ。自分がもし将来診断されたとしたら、非常にショックだろうし、できればなりたくない。	講座をうける前は、全てを失うように思っていたが、自分で様々な活動をされていたり、積極的に動いていくことで、得ていくこともあるのだと思った。
4	39	男	徘徊、妄想、幻視、幻聴、暴言、記憶の欠如、暴力的、感情コントロールが困難、見当識障害、ふさぎこみ、うつ、閉じこもり。	「共生」「仲間」「サポート」がどれだけご本人・ご家族に展望・希望を与えられるのかということについてのイメージが大きく変わった。また認知症の人でも変わる（前向きに生きる）ことができると変化した。
5	43	男	物忘れ、人としての自制が利かない……というマイナスのイメージが強い。	認知症という色眼鏡をかけて人を見ることの間違いに気付かされた。
6	46	女	最近の事が覚えられない。感情的になる。徘徊するので大変。介護が大変。進行性。	穏やか、希望、活動的、前向き、孤立から抜け出す方法があるという希望をもらった。
7	55	女	積み重ねてきた経験や思い出を失い、本来のその人のエッセンスがピュアになっていく。	失っていくどころか、得られているものの方が多いことに感動し、驚いた。当たり前のことが当たり前にできて当たり前という社会の成員であったときより、より人として素直に、ピュアに、思いやりにあふれた夫婦関係、社会関係、自分自身との関係を作っていらっしゃる様子に打たれました。
8	67	女	何度も同じことを言う。食べたことを忘れる。今したことも忘れる。	昔と違い、認知症を忌み嫌うイメージが変化している。公表することも大事だと。
9	73	女	話の内容がまとまらず、聞き手が理解できないと怒り出す。自分のしていることを、途中で気が散り、忘れてしまっている。	私にも発症しても行けるところ、受け入れてくれるところがあると思うと安心します。これからもこのような活動を進めてほしいです。
10	84	女	早めに相談することが第一だと思う。	明るい気持ちになれたことは幸せでした。

図6-15　ともいきフェスティバル

図6-16　大学れもんカフェ①

図6-17　大学れもんカフェ②

図6-18　大学れもんカフェでの世代を超えた交流

生・高校生・大学生などの若者も来店し，当事者同士の交流，小学生・高校生・大学生・地域の人と当事者との立場や世代を超えた交流が実現している（図6-18）。

（5）京都式オレンジプラン

　京都府の認知症総合対策推進計画「京都式オレンジプラン」（2013～2017年）の最終年度にあたり，認知症の本人と家族が望む地域社会の姿を明文化した「10のアイメッセージ」指標（認知症本人を主語とした目標）が，この5年間でどのくらい達成されたかという，アウトカム評価が行われた。多人数を対象とした質問紙調査による量的評価と，より具体的な「本人・家族の声を京都式オレンジプランに反映させるための本人・家族ミーティング」による質的評価が実施されたが，私たち認知症当事者研究グループは後者に「（京都府）南部地

図6-19 京都式オレンジプラン「10のアイ
メッセージ」当事者評価

図6-20 京都式オレンジプラン
・本人ミーティング

域」として参加し、2017年6〜8月のグループミーティングにおいて「10のア
イメッセージ評価」をテーマとして取り組んだ（図6-19・図6-20）。

　本人ミーティング、家族ミーティグ、グループワークでの本人・家族の発言、
および本人・家族から今回の評価・提案のために提出された文章を、10のアイ
メッセージごとに質的に分析した。

　分析結果のまとめは以下のようである。【　】内は分析から生成されたカテ
ゴリーを示す。

　①　私は、周囲のすべての人が、認知症について正しく理解してくれている
　　　ので、人権や個性に十分な配慮がなされ、できることは見守られ、できな
　　　いことは支えられて、活動的にすごしている。

　【周囲の認知症についての理解が進んでいる】という声と、【周囲の認知症に
ついての理解が進んでいない】という声があり、【認知症についての理解が進
んでいるところとそうでないところのギャップがある】ことが窺えた。

　そのような周囲の状況の中での【当事者本人の姿勢】も様々で、周囲に認知
症を理解して欲しい、【認知症をオープンにできる社会に】なって欲しいとい
う思いがある一方で、周囲に認知症をオープンにしている当事者もいれば、認
知症をオープンにできない当事者もいる。

　認知症をオープンにしている当事者は、【場との出会い・仲間との出会い】

を契機に，【仲間から周囲へ理解を広げる】ようにしていた。【理解が進むためには当事者の社会参加が必要】で，認知症をもつ一人ひとりの人と接する中で【認知症の人の個別性・多様性】を理解して欲しい，という強いメッセージが語られた。

　認知症についての理解を進める場としては，町内会などの【近所】，子どもや若者への【教育現場】，そしてより【幅広い府民一般】が挙げられ，実際の当事者による活動が語られた。このように当事者が認知症とともに生きる経験を語ることで，認知症の疾病観が変わり，地域での認知症理解が進めば，認知症をオープンにして社会参加できる人が増えてくると思われる。

　そのような周囲の認知症の理解の進んだ地域では，【生活圏域】で【認知症・世代を超えた】場で，認知症をもちながらも活動的にすごしている状況が語られた。

　②　私は，症状が軽いうちに診断を受け，この病気を理解し，適切な支援を
　　　受けて，将来について考え決めることができ，心安らかにすごしている。

【早期診断・支援を受けることができた】【認知症の理解と将来に向けての過ごし方】を【本人と家族がパートナーとしてペアで考え・行動】してきた，という声の一方で，「早期に診断を受けることはできたが，この病気を理解し，適切な支援を受けるまでに時間がかかった」というように，「診断と支援とのタイムラグが長い」ことが課題として抽出された。【診断後に支援につながるまでの苦悩】では，認知症と診断された後の不安や苦悩が語られている。認知症という病気がよくわからず，今後どうしていったらいいのかという不安を抱えながら，周囲とのコミュニケーションがうまくいかなくなり，孤立・孤独に陥っていく様子が窺える。心理的にも【最初の支援につながるハードルが高い】ことが窺える。

　このような「早期診断・早期絶望」の状況を改善するために「診断と支援をつなげる取り組み」が求められると考えられる。具体的には，【リンクワーカー】の希望が提出された。【診断後に支援につながるまでの苦悩】からも，

リンクワーカーに求められるものとしては，単に資源を紹介するようなコーディネーター的な役割だけではなく，本人や家族の気持ちに寄り添い，精神的・心理的な支えとなり，それぞれの人の個別性を理解しながら，認知症とともに生きる生活の再構築を一緒に考えていくような態度が求められると思われる。

　診断前も診断後も，孤立に陥りがちな当事者が必要な支援につながっていくためには，仲間や支援者との出会いが必要になる。とりわけ，当事者同士の出会いが最初のハードルを下げるという当事者の経験からの指摘があり，仙台の「おれんじドア」のような【当事者による相談窓口】設置の提案があった。このような出会いが入り口となり，【仲間との出会い・居場所・活動の場（ピアサポートの場）】につながっていくことが，当事者が認知症とともに生きる生活の再構築を行っていくために，必要と考えられる。

③　私は，体調を崩した時にはすぐに治療を受けることができ，具合の悪い時を除いて住み慣れた場所で終始切れ目のない医療と介護を受けて，すこやかにすごしている。

【医療と福祉の連携により地域包括センターが認知症の人の存在を把握・支援する必要性】では，とくに一人暮らしや若年性の認知症の人を地域包括が把握し，福祉と医療の連携・支援を行う必要性が語られた。また，【早期から医療と福祉が切れ目なくつながる必要性】では，早期認知症の人が支援につながらない現状が語られ，進行してからではなく早期から，地域包括センターをはじめとした福祉につながる必要性が語られた。

【かかりつけ医の必要性】では，すぐにかかれる病院があるという声がある一方で，まだまだ認知症への理解が乏しい医師もいるという声があがった。【ニーズに沿った介護サービスの必要性】では，認知症対応型のデイサービスの不十分な点について，家族から具体的な希望が挙がった。【介護と医療の連携の必要性】では，デイサービスと医療の連携の必要性が語られた。

　認知症になっても住み慣れた場所で暮らし続けるためには，【医療と介護にとどまらない地域の支援】が必要であることも語られた。

④　私は，地域の一員として社会参加し，能力の範囲で社会に貢献し，生き
　がいをもってすごしている。

⑤　私は，趣味やレクリエーションなどしたいことをかなえられ，人生を楽
　しんですごしている。

　認知症の発症・診断後，本人や家族は，周囲とのつながりが失われ，【社会
からの孤立】状態に陥りがちである。

　個として不安・孤独と直面した当事者が，再び希望と自信を取り戻していく
ためには，【仲間との出会い・居場所・活動の場（ピアサポートの場）】が重要で
あることが語られた。さらに，そのような場は，地域において【認知症・世代
を超えた交流の場】に展開していく。そのような場では，本人も家族も支援者
も対等な関係で【一緒に楽しむ】ことが大切である。当事者の【能動的な参
加】を可能にすることも重要だと思われる。当事者の【主体的な活動】として
の卓球クラブから，自然発生的にカフェが生まれ，【自然な交流】がなされて
いるケースも語られた。

　とりわけ，今後は【歩いて行ける居場所・活動の場】が求められている。
【地域包括センターとの協働】のなかで，生活圏域ごとに場をつくっていく動
きもある。そのような場が増え，【他地域の当事者・支援者との交流】によっ
てつながっていけば，認知症にやさしい社会が実現していく可能性を感じる。

　出会いや場があれば，【地域の一員として社会参加】している様子が語られ
た。そのような【ピアサポートの場】や【認知症・世代を超えた交流の場】で
は，【認知症とともに生きる経験の伝達】が行われる。さらに，【地域におけ
る認知症啓発活動】は社会貢献につながっていく。

　このような場としては，趣味や楽しみに加えて，社会貢献につながるような
【ボランティア】や【就労】などのニーズもみられ，それが【生きがい】につ
ながっていく。それぞれの人の個別性に合わせた社会参加の場が求められる。

⑥　私は，私を支えてくれている家族の生活と人生にも十分な配慮がされて
　いるので，気兼ねせずにすごしている。

　家族が安心して過ごすためには，【周囲の理解】が必要である。また，支援者による支援とともに，【家族同士の相談】ができるような「ピアサポートの場」が必要である。

　【家族，本人，それぞれの場・支援の必要性】も語られた。【本人が一人でも活動できる場・支援】として，具体的に，「れもねいだー」（宇治市認知症アクションアライアンス「れもねいど」における，ボランティアの認知症サポーター）や，2018年春に宇治に開設される「京都府認知症総合センター」への期待が語られた。

　本人支援による本人の安心・喜び・幸せが，そのまま家族の安心・喜び・幸せにつながるという【本人支援が家族支援につながる】ことも語られた。これは本人と家族がパートナーとしてペアで活動してきた宇治の当事者グループの特徴とも考えられるが，このような認知症とともに生きる本人と家族のあり方も注目される。

⑦　私は，自らの思いをうまく言い表せない場合があることを理解され，人生の終末に至るまで意思や好みを尊重されてすごしている。

　【家族・介護スタッフによる本人の気持ちの理解】が語られた。認知症に伴う物忘れや認知機能の低下を補い，本人の思いを受けとめ，支援していく【パートナーの存在】が必要である。そのようなパートナーと終末期の相談をしている【ACP（アドバンス・ケア・プランニング）の実践】も語られた。

⑧　私は，京都のどの地域に住んでいても，適切な情報が得られ，身近になんでも相談できる人がいて，安心できる居場所をもってすごしている。

　宇治の当事者グループの方々は，ご自身たちが恵まれた状況にありながら，宇治市内でも京都の他の地域でもまだまだそのような状況にないことを認識され，【恵まれた状況を宇治市内・外の地域に広めていくことが必要】と語られている。

　また，ご自身の経験から，生活圏内の【近所の歩いて行ける距離に安心でき

る居場所が必要】というメッセージが語られた。

⑨　私は，若年性の認知症であっても，私に合ったサービスがあるので，意
　　欲をもって参加し，すごしている。

若年性や早期の認知症の人への支援は「まだまだ達成されていない」と語ら
れた。

【地域包括センターが若年性認知症の人の存在を把握】し，早期に支援につ
なげる必要性が語られた。従来の介護保険サービスは，より認知症のステージ
が進行した人を想定したものになっており，今後増えると思われる【若年性や
早期の認知症の人に合った支援】の開発が求められる。また，現状は，早期に
診断されても，支援がなかったり支援につながらないことが多く，「早期診断，
早期絶望」になっていることもまだ多いと思われる。「診断後に本人や家族を
支える取り組み」が求められる。【若年性認知症の人が早期から福祉支援につ
ながる必要性】がある。

若年性認知症に合った支援の一つとして，就労支援の可能性も考えられる。
当事者本人からは，就労による【社会参加・社会貢献・労働への対価・生きが
い】についても語られた。

【認知症啓発活動への若年性当事者の参加】は，認知症の疾病観を変え，認
知症に対する地域の理解が進み，認知症をオープンにして，より多くの認知症
の当事者が地域で暮らしやすくなることにもつながる。

若年性や早期の認知症の人が，早期から必要な支援を得られることは，認知
症を抱えながらの社会生活を可能にするとともに，【認知症の進行に対する備
え】にもつながっていくと思われる。

⑩　私は，私や家族の願いである認知症を治す様々な研究がされているので，
　　期待をもってすごしている。

【治療薬への期待】【治療薬開発推進のための具体的な提言】，そして期待を
持つことが支えになるという【期待という支え】が語られた。

図6-21　京都認知症総合センター

図6-22　常設型カフェに向けてのグループ
　　　　　ミーティング

　その他，【災害時における認知症当事者への対応の必要性】についても語られた。

　以上の認知症本人・家族の声は，新しい京都式オレンジプランに反映された。認知症当事者の思いや声が一つの形になり，施策立案・評価に反映される道筋をつくれたことは，大きな経験となった。また，この京都式オレンジプラン「10のアイメッセージ評価」に際しては，京都府北部にも当事者グループが誕生し，仲間との出会いやつながり，活動の輪が広がったことも，嬉しかった。

（6）京都認知症総合センター・常設型カフェ

　2017年10〜11月と2018年6〜7月の当事者研究グループミーティングでは，2018年春に開設された京都認知症総合センター・常設型カフェをテーマに，グループワーク・本人ミーティングを実施した（図6-21・図6-22）。とりわけ研究活動も3年目となった2018年度には，活動の流れに沿ってグループミーティングを大学以外の場所でも開催し，京都認知症総合センター・常設型カフェにて行った。当事者を中心にどのような場をつくっていくか，どのような活動を行っていくかについて，ブレインストーミングによってアイデアを出し合い，KJ法によってまとめた。

　その結果，当事者が主役であること，仲間に出会え・集える場，医療や福祉

表6-3　常設型カフェに向けてのアイデア

当事者が主役	当事者が主役であることが前提
	支援者が提案するのではなく，本人が作っていく場
	当事者が自発的に参加する場
	受け身ではなく，当事者たちから進んで行ける場
	当事者同士が出会える場
	家族同士が出会える場
	やりたいことができる場
相談窓口	病院は敷居が高い
	初期の人の誘い出しの場
	敷居の低い相談所のような場
	本人の相談窓口（本人だけではダメ。専門職の同席）
働ける場所にしたい	働ける当事者は働く。（仕事としての責任をもつ。代償として賃金等をもらう）。
	責任をもてる仕事が必要。役に立つだけの就労ではいけない。
	初期の人の特技を仕事につなぐ（誘い出しできれば）。
「認知症」を理解してもらう	外部の人が訪れやすい所にしたい。
	小学生が「生活」の時間に来たり。
	当事者のありのままを見てもらえる。
	認知症のイメージ，疾病観を変える場

につながりにくい人にも敷居の低い場，当事者による相談窓口，認知症を理解してもらえる場，当事者の個性や多様性を生かすこと，当事者の就労などのアイデアが創出された（表6-3）。

　その後，京都認知症総合センター・常設カフェにて，このようなアイデアが少しずつ実現されている。その象徴として，2018年10月より，認知症当事者による相談窓口「オレンジドア・ノックノックれもん」が，毎月第2・第4水曜日の午後に定期的に開催されている。当事者同士の出会いの窓口，当事者を理解してもらえる場，当事者の個性を生かした就労が実践されている。

（7）企業とのコラボレーション

　2018年10月，宇治市役所大会議室にて，宇治市認知症アクションアライアンス加盟登録企業向けセミナーが開催された。第1部では京都府立洛南病院副院長で共同研究者の森俊夫先生が「認知症当事者の声を聴く〜企業に求められること」というテーマで講演を行い，認知症にやさしい企業として必要な視点や

図 6-23　当事者と企業とのグループミーティング

心構え，宇治市の取り組みについて，企業からの参加者に伝えた。第 2 部では「認知症当事者と企業とのグループミーティング」を実施した。認知症本人 6 名，家族 5 名，14企業からの参加者15名，大学教員 1 名，大学生13名，宇治市・福祉サービス公社・洛南病院・京都府職員19名，れもねいだー10名の計68名が参加し，6 グループを形成した。市長の挨拶の後，認知症当事者と企業のコラボレーションをテーマに，「認知症の人にやさしいまち・うじ」をつくっていくために，どのようなアクションと連携ができるかを話し合った（図 6-23）。

　その結果，例えば，「"認知症の人"とわかる目印として，れもんマークのシールを銀行の通帳に貼ったら，窓口の職員も本人に合わせた対応ができるのではないか」という認知症当事者の提案に対して，銀行企業より「すでに障害者の方に対しては目印となるシールを採用している。認知症の人に対してもすぐに検討していけたら」との返答があった。また，「現在，認知症当事者とれもねいだーとで農作物を育てているが，そのような活動を続けていきたい」という希望に対して，農園企業より「今年の 7 月に万願寺とうがらしの収穫・販売を認知症の人と一緒に行ったが，今後も農業を通じて活動の場や就労の場の提供など行っていきたい」との話があった（表 6-4）。

　このように，認知症当事者と企業が顔を合わせて，協力者とともに認知症をオープンにした意見交換を行うことで，「認知症の人にやさしいまち」をつくるために，すぐにでも実現できること，実現に向けて検討課題とすることなど

表6-4　認知症当事者と企業のコラボレーションのアイデア

銀行	銀行利用，当事者は不安
	オレンジリングをつけている人がいたら安心感がある
	行員は察しても，認知症かどうかわからず，サポートしにくい
	目印として希望者にはれもんマークのシールを通帳に貼ったら
	障害者に対してはすでにシールを採用している→すぐに検討
農業	農福連携で認知症の人との橋渡しができれば
	専業農家の不足に伴い，認知症の人に仕事を手伝っていただけないか
	収穫から販売までを当事者がする
	働いて報酬を得たい
	働ける環境に整備する
	れもねいだー（ボランティア）と一緒に活動したい
	お茶摘みの経験
	農業を通じて活動や就労の場を提供していきたい
	企業は他企業とも提携して，プロジェクトとして進めていく
交通	認知症になっても運転できる車をつくってほしい
	運転できないけどしたい→自動運転
	車のナビで自分の場所と家がわかるように
	運転ができない→認知症の人が呼びやすい，使いやすいタクシー
	タクシー（公共交通機関も）の利用などでの気遣いがより必要
薬局	薬の管理（飲み方など，薬局での説明の工夫）
	自宅に直接行って確認
福祉	心託サービス（業務の中で認知症当事者を対象に）
	デイケア・デイサービスでの就労
SOS・見守り	SOSネットワーク（消防，警察，企業との連携）
	コンビニエンスストアでのサポートや橋渡し
	缶バッジ，携帯，ネックレス（名前や連絡先）
広報	公表しやすい状況・地域づくり
	新聞に取り上げる
情報	気軽に情報入手したい→インターネットではなく対面で
	企業同士の連携（一つの窓口から様々な情報を得られる）
	業務の中で情報提供→チラシ作成

が具体化した。認知症当事者の声を聴き取り，形にしていくための方法論としてのグループミーティングが，当事者を中心としながら輪を広げてきた経験が基盤となり，企業からの参加が初めて実現した，エポックメイキングなグループミーティングとなった。

図 6-24 国際アルツハイマー病協会国際会議での発表

4 認知症にやさしいまちの実現に向けて

以上のような研究活動成果を，2015年より毎年 3 月に開催されている「認知症フォーラム in 宇治」にて，市民に向けて発表している。2017年の第 3 回は，約500名の市民（会場約250名，同時中継 USTREAM 視聴約250名）が参加した。2017年 4 月の国際アルツハイマー病協会国際会議（世界78カ国から約4000名が参加。図 6-24）や，9 月の第 4 回認知症フレンドリージャパンサミット2017でも，それぞれの地域で認知症にやさしい地域づくりに取り組んでいる日本全国・世界各国からの参加者に向けて発表した。また，茶摘みやともいき講座は，新聞各社によって，大々的に報道された。さらに，2017年度に取り組んだ「当事者からのメッセージ」については，2018年 3 月の「きょうと認知症の人にやさしいまちづくりフォーラム（京都府）」で，府民に向けて発表した。加えて，これまでの認知症当事者の言葉をまとめた「旅のしおり」と当事者研究活動報告からなる冊子『認知症とともに生きる』を毎年 3 月に作成して，関係者各位に配布し，研究活動成果を伝えてきた（宇治市認知症当事者研究チーム，2016；2017；2018）。

　大学内では，研究活動成果を授業で伝え，認知症に対する正しい理解を促進している。また，研究の過程で，学生たちと認知症の人と家族の交流を促進することにより，学生たちが認知症を体験的に学べる機会を創出している。当事者と学生の交流から，学生の認知症イメージが変わり，認知症とともに生きる経験が，世代を超えて引き継がれていく手応えがある。このような教育を受けた学生が，認知症サポート活動や認知症アクションアライアンスに参画することにより，世代を超えて認知症とともに生きる社会の実現に貢献するだろう。学生が変わり，大学が変わり，地域が変わるという連鎖が，「認知症の人にやさしいまち・うじ」につながっていく。

　認知症当事者の思いや経験を聴き取り形にする方法論を確立し，認知症当事者のニーズやアウトカム評価が明らかになれば，地域で生活する認知症当事者が地域課題を解決する施策の立案過程と評価過程の両方に参画できるようになる。認知症とともに生きる知恵や技術が明らかになれば，認知症の本人と家族が地域で生活していくことに資する。2016年度のグループミーティングでは，認知症の人の思いや経験を聴き取り形にする「方法論」の原型が明示できた。翌2017年度は主に京都式オレンジプランの当事者評価のテーマに取り組み，その成果は認知症にやさしい地域を実現するための新しい京都式オレンジプランに反映された。認知症当事者の思いや声が施策立案・評価に反映される道筋をつくることができた。2018年度には，当事者研究グループミーティングが，当事者を中心としながら，行政・医療・福祉の専門スタッフ，大学・学生，認知症サポート市民ボランティア，京都認知症総合センターを運営する福祉企業としての悠仁福祉会スタッフ，そして一般企業へと輪を広げることができた。グループミーティングが認知症アクションアライアンスの雛形を形成しながら，認知症当事者の思いや経験を聴き取り，その声を施策立案・評価に反映していく方法論として確立してきている。

　認知症アクションアライアンスの活動を通し，世代や立場を超え，認知症のある方もない方も一緒に安心してやりとりができる場が地域にいくつもでき，その輪が広がり，そしてその垣根がなくなっていけば，認知症にやさしいまち

が実現できるのではないかというイメージを持つことができた。このような認知症の活動は，地域での人と人とのつながりを回復していく力にもなっていくことを，あらためて感じる。認知症の人が暮らしやすい社会は，認知症をもたない高齢者にとっても，障害をもつ人にとっても，私たちみなにとって暮らしやすい社会になるのではないだろうか。認知症は新しい社会の試金石であり指標である。

　研究活動の中で，宇治でともに活動する新たな仲間との出会いがあった。京都式オレンジプラン「10のアイメッセージ評価」に際しては，京都府北部にも当事者グループが誕生した。また，国際アルツハイマー病協会国際会議や認知症フレンドリージャパンサミットを通じて，日本や世界で志を同じくする仲間との出会いやつながりも得られた。こうして，認知症にやさしい地域を実現するための宇治での活動の輪が広がり，さまざまな地域で取り組まれている認知症にやさしい地域づくりの活動と連動していくことを実感している。

　2013年から2015年の3年間に書き留められた「旅のしおり」に記載されている「当事者の意見」の大半が，認知症アクションアライアンスが始動してからのこの3年間で，モデルケースではあるものの，実現してきた。これらの経験をもとに，宇治での活動は次のステージに進もうとしている。「認知症の人にやさしいまち・うじ」の実現に向けて，今後も研究活動を継続していきたい。

第7章
地域におけるアートと福祉
——ちんどんアクティビティーをとおして——

　筆者は，三重県立看護大学に勤務していた頃（1997～2006年）より，民族楽器を用いた「ちんどん」グループをつくり，病院・福祉施設・老人クラブなどを訪問してきた。ここでいう「ちんどん」は，いわゆるチンドン屋が行うものをイメージしている。チンドン屋とは，仮装をした数名が，ちんどん太鼓，ゴロス（大太鼓），三味線やクラリネットなどの楽器で演奏しつつ宣伝口上を唱えて練り歩く，宣伝請負業である。しかし，筆者らが行ってきたのは，筆者が研究のためによく訪れるタイの楽器をはじめとする民族楽器を用いた活動で，「ちんどんタイ」と称していた。好き好きに民族衣装などをまとい，タイの楽器などアジア・アフリカの楽器を中心に，鍵盤ハーモニカ，リコーダーなど，その時の参加者が使える楽器を使って練り歩く活動である。簡単な打楽器もあり，誰でも参加できるのが特徴である。

　当初は，看護大学の同僚で，高齢者を対象とした精神看護学を専門とする八田勘司氏と看護学生数名とで始められた。筆者は，自然素材の民族楽器の医療・福祉現場への応用の興味から楽器演奏を担当し，「笑いと健康」をテーマとしており，マジックやジャグリングなどを行う八田氏と共同して「ちょっと笑ったちんどんタイ」がスタートしたのである。八田氏が他大学へ転出した後もこの活動は続けられ，筆者自身が京都文教大学への転出後も，なおパフォーマンスは続けられている。

　また，京都文教大学では，独自に「文教ちんどんタイ」を学生たちと立ち上げ，高齢者施設などを訪問し，随時，八田氏とも共同するような形をとってきた。

　さらに，京都文教大学臨床心理学部教授の吉村夕里氏（第1章～第5章著者）が，岐阜県大垣市の総合ケアセンター・サンビレッジと共同して行ってきた「認知症高齢者ケア研究会」の一環として，サンビレッジの多くの施設のうち特別養護老人ホームにおいて，「ちんどんアクティビティー」と称する活動を行い，現場でみられた反応のアセスメントを行う研究を始め，2019年現在も継続中である。

　このような経過で進められてきた民族楽器を用いた「ちんどん」であるが，ここには，病院・福祉施設などでのレクリエーションである以上の様々な意味を見いだすことができる。それは，アートと福祉，そして地域との関わりの在り方への問いでもあり，また，多様な人が集まること，様々な人と人が結びつくことの原点への問いでもある。

1　ちんどんセラピーの誕生——音楽・笑い・踊りの3要素

　ちんどんセラピーは，筆者が先述の八田氏とともに看護学生数人で始めた活動である（図7-1）。これは当初，「大道芸療法」と呼んでいたが（八田・馬場，2009），病院や施設を大道と呼ぶのはどうかという批判があったことや，"笑い"とちんどんが重要な要素であることから「"笑い"のちんどんセラピー」と呼ぶようになった（八田・馬場，2004）。

　看護大学時代に行っていたプログラムでは，次のようなメニューが基本スタイルであった。最初に民族楽器を用いて音楽を演奏しながら会場を練り歩く。次いで，昔懐かしい歌を歌ったり，アジアの竹楽器の音を聞いたり，皆で演奏する。さらに手品，ジャグリングなどを用いた参加型の遊びで大いに笑う。最後に，再び民族楽器を演奏しながら練り歩き，退場する。この大枠は，現在でも基本的には踏襲されている。

　最初と最後の練り歩きは，「美しき天然」とか「竹に雀」などのチンドン屋の定番曲や，オクラホマミクサーなどの心が弾む曲を用い，皆での歌は，「青い山脈」「リンゴの唄」「ふるさと」など当時の高齢者施設での定番の歌をはじ

図7-1　老人クラブにて

め季節の童謡などを歌って
きた（リクエストがあればそ
れに応える）。アジアには竹
楽器も多く，筆者の収集し
たケーン（ラオスの笙）や
竹笛の音色を聞いてもらっ
たり，インドネシアの竹楽
器アンクルンを皆で鳴らし
てみたりした。ここまでは
筆者が中心となって行い，

手品，ジャグリングは八田氏が主導し，筆者はBGMに合わせて太鼓などを叩
いたり弦楽器の演奏をしたりした。ここでは，単に見せるだけではなく，どん
どん参加してもらいながら進めることにした。八田氏が，スカーフ3枚もしく
は玉3個でジャグリングをすると，幼い頃お手玉が得意であった高齢女性が前
に出てきて，時に八田氏よりも上手い芸を見せたりする。高齢男性の場合，け
ん玉の得意な人が前で技を披露したりする。そして，皆で輪になって炭坑節な
どを踊る。場合によって，そこまでのプロセスを写真にとっておいて，参加者
みなでスライドショーで見て，様々な場面での自分の笑顔を自分で見て，もう
一度笑うということを行ったりした。最後に，自由に打楽器などをもって，ち
んどんタイの演奏の輪に加わってもらい退場する。

　このプロセスで重要なのは，音楽・笑い・踊りの3要素である。まず，「音
楽」であるが，ちんどん入場から退場まで，BGMも含めて途切れずに存在し
ている。ちんどん入場・退場，手品・ジャグリング・踊りのBGMは，そのリ
ズムが高揚感をあげるし，自然素材の竹の楽器の音を聞いたり鳴らしたりする
ことは，あたかも自然の中にいるような安らぎを感じさせる。また，皆で歌う
ことや踊ることで場の一体感をつくることができる。そして，「笑い」である
が，声に出して大笑いすることは，奇抜な格好をし，ユーモラスな仕草が多い
手品・ジャグリングの場面で特にみられるが，ここでいう「笑い」は，大笑い

するだけでなく，音楽を聞いたり歌ったり踊ったりして心がなごみ，思わず顔が緩んだり微笑むことも含めたものである。そして「踊り」によって実際に体を動かすことで，運動効果も期待される。

そして，さらに大切なのは，「演者」と「観客」の境を越えるということである。一緒に歌ったり，楽器を鳴らしたり，踊ったりもそうであるが，お手玉やけん玉など，参加者が自分の得意なものを思い出して披露する機会がもうけられている。ここでは，主人公は演者ではなく，登場した参加者である。そして続く踊り，時にスライドショー，最後の参加型ちんどんで，一体化した場が形づくられる。

アメリカのパッチアダムスをはじめとするホスピタルクラウン，オランダの小児病棟に必ず存在するというクリニクラウン（臨床道化師）は，遊園地のクラウンのように芸を見せることを目的とせず，病む人の横にいて安心させる存在であることが要求される。そのことは，このちんどんセラピーにおいても，心がけてきた点である。

笑いのちんどんセラピーの対象は様々であるが，多くは高齢者であり，元気な高齢者の介護予防から認知症高齢者に至るまで様々なケースがある。こうした高齢者対象の場合，このちんどんセラピーは「回想法的効果」も期待できる。ちんどんの定番曲，昔の歌や童謡，お手玉やけん玉など昔経験した遊びを行い，童心に帰ったり，昔の記憶をよみがえらせる効果がある。たとえば次のような例がある（八田・馬場，2004）。

〈例1〉気難しいAさんが笑顔になった

介護老人ホームに入所しているAさんは手足が不自由である。元来，自分のことは自分でやってきており，プライドが高くてマイペースで，めったに笑わず，気難しい人と思われていた。しかし，この「笑いのちんどんセラピー」に参加して，車椅子利用者なので上半身と両手両腕だけであるが，笑顔で踊っていたのである。Aさんはもともと踊りを習っていたらしい。好きな踊りが踊れて楽しい気持ちになれたと思われる。スタッフも「あのようなAさんは

初めて見た」ともらしていた。施設でのレクリエーションでは踊るメニューが
なかったのかもしれない。

〈例2〉突然曲名を思い出したBさん

　精神科の老人病棟での経験であるが，重度認知症の方ばかりの場合，手品の
みならず，何をやっても「それがどうした」とでもいうような状況に陥ること
があるが，別の病棟を回ってからもう一度老人病棟に戻ると，そこには，一度
目とは違う笑顔があった。「あ，また来てくれた」という声があがり，「“美し
き天然”だわ」と曲名を思い出す人もあった。一度目は呆然とされても，何か
が伝わっており，昔の記憶がよみがえっているのだと感じた。

　こうした病院・施設でのパフォーマンスの場合，筆者ら演者と患者・利用者
のみならず，スタッフもできるだけ仮装や楽器をもつなどの形で参加すること
を促すようにした。「笑うこと」や「音楽」の医学的効果も研究が進みつつあ
るが，一方で，こうした医療・福祉現場でのパフォーマンスは，社会的効果も
期待される。先に述べたように，患者・利用者がちんどんセラピーに参加する
ことでスタッフは利用者・患者の知られざる面を発見したりするが，医師や看
護師，介護士という日常の役割での姿しか見ていない患者・利用者にとっても，
スタッフが仮装し楽器で楽しむ姿は，新たな発見である。お互いに新たな発見
をすることが，その後のスタッフと患者・利用者の関係の改善につながる可能
性も期待される。

　音楽（音）のもつ治療効果を科学的に証明する意味での「音楽療法」の研究
が進められてはいるが，一方，そうしたエビデンスに基づく治療効果を目的と
するのではなく，音楽を同じ場で同じ時間共有することで心地よさを感じる活
動を，丸山は「療法的音楽活動」と定義する。この場合，キュア（治療）や狭
義のケア（世話する—される）ではなく，シェア（共有）がポイントであるとい
う（丸山，2002）。ここでいうちんどんセラピーは，治療効果も期待されるが，
時間の共有や社会的効果などに大きな意味があると考えている。

　三重県立看護大学時代には，様々な試みを通して，このような「ちんどんセ

ラピー」の大枠を考案し実践してきたが，病院・施設，介護予防事業での以上で紹介したようなプログラムの他にも，様々な試みを行った。その一つが「訪問大道芸」（図7-2）である。

図7-2　訪問大道芸

三重県のある会場で，介護予防事業の一環で「ちんどんセラピー」を実施したとき，興味があるが足が悪くて行きたくても行けないという人から連絡があった。八田氏と筆者は，「ではこちらからうかがいましょう」と答えて自宅までうかがい，パフォーマンスを披露したのである。筆者らは訪問看護になぞらえて「訪問大道芸」と呼んだ。これは，寝たきりの高齢者のお宅を中心に数回行った。

また，三重県漁村の老人クラブでの介護予防事業では，いわば「移動ヘルスセンター」の試みを行った。基本的なプログラムは先に述べたようであるが，最初に，メンバーとして同行した看護学生が血圧チェックを行い，プログラム終了後，足浴サービスと，セロリやにんじんなど数種の野菜をミキサーで砕いた自家製野菜ジュースのサービスを行ったのである。このように，基本プログラムをその場のニーズに応じて様々に応用することを試み，その可能性を確かめた。

2　文教ちんどんタイ

以上のように，三重県立看護大学時代に基本的スタイルを確立した「ちんどんセラピー」であるが，京都文教大学に移動してのち，学生たちと「文教ちんどんタイ」を結成し，高齢者施設などの訪問を行うようになり，最初は学生有

図7-3　民音之会メンバーと

　志と，近年は学生の民族音楽サークル「民音之会」のメンバーとともに継続している（図7-3）。

　看護大時代に一緒に「ちんどんタイ」を始めた八田氏も参加するときは，先に述べたプログラムを応用するが，そうでない場合は演ずる者・利用者などその場に参加する人によって，いかようにでも変化するパターンが続いている。しかし，基本的には，ちんどんによる入場ののち，昔懐かしい歌を皆で歌い，その時々のメインプログラムを行い，楽器を触っていただきつつ交流し，その楽器を鳴らしていただきながらちんどんで退場するというパターンに基づいている。たとえば，大道芸の得意な学生が参加したときは，皆で歌を歌ったあと，大道芸を披露して皆で楽しみ，よさこいの学生が多く参加したときは，皆で歌ったあとによさこいを利用者を交えて体を動かして楽しみ，「民音之会」の学生が参加したときには，皆で歌ったあとに，「民音之会」の主要レパートリーであるアイリッシュ音楽やフォルクローレを演奏し，その後，アイリッシュ，フォルクローレなどの楽器に触ってもらいながら交流する。また，利用者の中から歌や芸の得意な人がいればそうした人にバトンタッチする。

　重要なのは，「観客に見せる」姿勢ではなく，「共に楽しむ」姿勢であり，看護大学時代からの「演者／観客」の壁を取り払うという基本的姿勢を大切にしている。したがって，デイサービスなどで大道芸を披露したり音楽を聞いてい

ただいて拍手をもらって帰る，というような形ではなく，必ず交流する時間を設けている。楽器などの小道具は，そうしたコミュニケーションのツールとして効果を発揮する。何かをきっかけに昔のことなどを語り出したりする利用者も多い。このように，参加者によって自由自在に変化するスタイルで現在も継続している。

3　五感を高めるちんどんセラピー──総合的アートとして

　先にも述べたように，「ちんどんセラピー」は，音楽・笑い・踊りの 3 要素が基本である。しかし，それらは独立したものではなく，様々な場面場面で重なり合いながら相乗作用をもたらす。参加者は 1 ＋ 1 ＋ 1 ＝ 3 ではなく，1 ＋ 1 ＋ 1 ＞ 3 となるような体験をし，いわば場の気が高まったような感覚に陥る。そこには，奇抜な衣装・仮装，あまり見慣れない楽器（視覚），自然素材の民族楽器の音（聴覚），楽器に触れたり他人とふれあったり（触覚）など五感に対する刺激（野菜ジュースのサービスの例を含めれば「味覚」「嗅覚」も入る）が張り巡らされた場である。その意味で，この「ちんどんセラピー」は五感を高める総合的アートともいえるものかもしれない。「アート」というと，敷居の高いもののように感じられてしまうのであれば，様々な五感に満ちる可能性をもつ場といってもよいかもしれない。そしてこの場へのアクセスは，誰にでも簡単にできる。

　「ちんどんセラピー」の特色の一つは，「なんでもありのゆるさ」である。つまり，何でもとりこむ融通無碍のよい意味でのいい加減さとでもいえるものである。これは，先にも述べたように，誰でも参加でき，参加者の特性によってどのような色にでもなりうることからもいえる。ただの練り歩きでも，メインのメロディー楽器の奏者が 2 ～ 3 人いれば，あとは，誰がどんな形でも打楽器などで参加できる。楽器が得意な人が入ればそれなりの，そうでなくてもそれなりのユニークな空間ができあがる。「何でもあり」とは，いいかえれば，どんな人でも役割がもてる空間を指すともいえる。計画されたステージの演出で

はなく，そのときの参加者が醸し出すオリジナリティーが重視されるのである。その意味では，シナリオどおりに間違いなくやるための「練習」は，かえって妨げになるともいえる。

「ちんどんセラピー」は，その場にいる全ての人が演者である。こうした何でもありの「ゆるさ」が気安さにつながり，誰でも参加し役割のもてる空間づくりへとつながる。そしてそういう空間が，関わる人に安心感と癒しを与える。ある意味，社会のあり方にもつながる重要なポイントのような気がしている。

このような，五感を高める場がどのように効果があるのかの検証，いわば医学的効果測定の試みも行われており，八田氏も試みている（八田，2008）。八田氏は，血液検査により，「ちんどんセラピー」の前後で①βエンドルフィン値の上昇により楽しい気分になる，②アドレナリン値，ノルアドレナリン値の上昇，交感神経の刺激により適度な緊張状態を導き，心身の活性化につながる，③コルチゾール値（ストレスホルモン）の減少により，精神的ストレスの軽減につながる，という点を指摘しているが，これはさらに検証が必要な分野であろう。

また，ちんどんセラピーには，スタッフなどその場にいる人すべてを巻き込むことで，参加者の新たな面を発見し，その後の人間関係にも影響を及ぼす側面，いわば社会的効果もみられる。京都文教大学に移ってより，この社会的効果も考え，主として施設でのケアに役立てるため，特定の施設を対象にして，スタッフ参加のもとでちんどんを行い，スタッフを含めてアセスメントを繰り返す試みを継続している。先述の吉村氏と行ってきた，この試みについて，次に考えてみることにしよう。

4　ちんどんアクティビティー

筆者は，吉村夕里氏の取り組みに2012年より参加し，共同で様々な試みを展開してきた。「ちんどんセラピー」はこのなかでも展開していった。

図7-4　脱力系フェスタにて

（1）脱力系フェスタ

　一つは，障がいや病のある人を交え，障がい・病を越えて一つの場で楽しむ祭典「脱力系フェスタ」（図7-4）である。これは，毎回，音楽，ファッション，短歌，絵の具を塗りたくるアートなど，異なるテーマをたてて，障がいや病のあるなしを越えて一つの場を共有しつつ楽しむ試みである。「きらっと生きない」をメッセージとするこのイベントは，「きらっと生きる」障がい者ばかりが注目されがちで，そのことが障がいがあっても「きらっと」生きなくてはいけないのでは，というプレッシャーを却って障がい当事者に与えるという，当事者からの批判から提案されたメッセージである。障がい者も健常者と同じように生活しているのであり，様々な人がいるというメッセージでもある。このイベントの一環として，毎度，ちんどん練り歩きを行うのであるが，このイベントの趣旨自体が，ここまで述べた「ちんどんセラピー」の趣旨に合致するものであり，イベントでのちんどん練り歩きは，その象徴ともなっている。

（2）認知症高齢者ケア研究会──ちんどんアクティビティーのアセスメント

　今ひとつは，吉村氏が，岐阜県大垣市を拠点とする総合福祉施設サンビレッ

ジと共同で行ってきた「認知症高齢者ケア研究会」での試みである。筆者は2013年よりこの研究会に参加しており，最初，京都文教大学で行われた研究会で先に述べたような「ちんどんセラピー」の概略と効果を報告し，実際に研究会出席者と体験したことが始まりである。その後，2016年5月より，サンビレッジを会場とした認知症事例検討に参加し，介護施設の現場でもあることから，その利用者（特別養護老人ホーム）を対象にして，「ちんどんセラピー」を実施してきた。実施者は，研究会参加者中心にその他のスタッフも交えたメンバーであり，終了後，カンファレンスをもち，神経心理学的知見も含めたアセスメントを行った。

　この試みは，それまでの学生を中心とした活動での参加者の感想・意見とは異なり，専門家の目での意見を集約する機会となった。また，それが，施設スタッフ自らが担当する利用者に関わる事柄であり，ここでの発見が，すぐにケアの現場に役立つ可能性をもつものであった。「セラピー」と呼ぶと，そこに対象者へのケアを意図した介入のニュアンスをもつので，ちんどんという行為に対する利用者の反応の観察を重視して「ちんどんアクティビティー」と称することにした。同時に，先に述べた「音楽療法」ではなく，「療法的音楽活動」と同様，意図的なケアより活動（アクティビティー）そのものに重点をおくというニュアンスもある。この概念については，さらに検討することにしたい。

　この試みは，今までまだ数回行ったのみであるが，その時によって対象利用者の位置や部屋の広さや配置が異なり，そうした状況の違いから反応の違いがみられることに気づいた。以下，そのアクティビティーの実際とカンファレンスでの意見・分析のあらましである（吉村氏による出張報告書の内容を参照）。

　「認知症高齢者ケア研究会」メンバーだけでの試み（2016年5月）を皮切りに，談話室に集まってもらったデイサービス利用者の訪問を行った（2016年10月）。これは，設定されたレクリエーションの時間ではなく，試みとして訪問をし，その反応をみることが目的であった。笑顔になる人やリズムをとる人がみられ，施設のプログラムへの可能性を感じ，施設での訪問を継続しカンファレンスを行うことにした。

　次の機会には，特養の入居者約30名に小ホールに集まってもらい，車椅子に座って円陣を組んでもらった。その真ん中でパフォーマンスを行い，利用者たちの前を順に練り歩いていくというスタイルをとった（2017年6月）。ここでは一人ひとりの前を通過することでその反応を観察することができた。次いで，グループホーム入居者18名を対象に行った。この時は，会議室のテーブルに座ってもらい，後ろから囲むように回りながら練り歩いたので，正面から一対一で反応をみることが難しかった。また，重度の認知症高齢者や麻痺等の身体障がいをもつ利用者も含まれ，覚醒が上がるような反応は乏しかったが，回を重ねると，身体接触を求めたり，スタッフに語りかけたり，歌いだしたり，笑いだしたりするような反応がみられた（2017年9月）。

　これらの試みをとおして様々な発見があり，参加スタッフを交えてのカンファレンスをとおして意見交換を行い，神経心理学的視点を加えてアセスメントを行うこととした。身体やリズムの模倣の出現，表現や表出活動の出現がちんどんアクティビティーでみられた主な反応であった。

　自力で能動的に移動できる利用者も多いデイサービス利用者の場合は，集団のなかで能動的に音楽や踊りを楽しむといった社会的な意味合いが強い活動が出現したのに対し，特養の入居者を対象としたときは音やリズムがもたらす身体感覚（静止した姿勢での緊張や弛緩を受身に体感する形での姿勢運動活動）をとおして情動が高まり，その結果，特に手が届き視界に入る位置にいるスタッフに対する応答が動作レベルでも言語レベルでも高まっていくといった，主として一対一の対面的なコミュニケーションの活性化に関連した変化が多く見られた。

　後者の場合，車椅子で円陣を組むというスタイルをとったため，利用者一人ひとりの前を練り歩くことで，一人ひとりの反応を確認していくことができた。総じて，スタッフのリズムに合わせるかのような反響動作や模倣動作が盛んになっていくが，長い一連のリズムを正確に再現模倣できるケース，そこまでではないが，チンドン屋の周回が自分の前に来ることを予期できるケース，直前まで反応がなく，目の前で楽器が鳴らされ急に反応するようなケースなど，様々な動作模倣のレベルが見られた。

図7‐5　施設にて

　また，目の前で立ち止まって楽器を鳴らしたり，楽器を手渡して鳴らすように促したりすると，腕でバツ印を表示（「ノー」の身振り）するなどあからさまに拒否する利用者もあった。この利用者は，最初から顰めっつらをしており，それまで目の前でおこるできごとに対してもまったく反応を示さなかった人であるという。この場合，単に不快な表情を浮かべるだけでなく，スタッフに対して「ノー」の表現を明確に出すようなコミュニケーションに変化したと考えることができる。拒否されたからといってこうした活動が逆効果というわけではなく，その人のそれまでの状態に比べて新たな反応がみられたという点は重要なポイントである。

　こうした気づきをもとに，さらに談話室での空間を自然に訪問するという形で，認知症高齢者対象のちんどんアクティビティーを行った（2007.11）（図7‐5）。この回では，動きが利用者の視界に入りやすいようにきらきらしたモールなどを身につけて入ったり，スタッフが利用者から手が届く範囲の正面から一対一の関わりをもつことに留意した。その結果，様々な新たな発見があった。

　この試みによって，空間認知や対人対物活動の特徴をよく観察できた。空間や対人対物認知が手の届く範囲内に限られ，その範囲の内と外の空間が完全に

分離している人が多く見られた。また，手の届く範囲内に置かれたモノに対する探索活動が活性化するのみの人もあれば，手の届く範囲内に入ってきた人に対する拒否的なものを含めた身振りや言語活動が次第に活性化する人も見られた。さらに，手の届く範囲内に入ってきた人を認識したとき，自分の空間に他者が入ってくるのかというような反応だったり，ここまで来てくれたのだという歓迎の反応であったり，知っている顔を見つけると「何やあんたか」といった表情であったり，反応は様々であった。

　参加したスタッフからは，「弄べるものを目の前に置いてみてはどうか。柔らかいもの，小さいもの，手の平に乗るものなどいろいろなものを置いてみてはどうか」という提案や，「利用者に楽器を叩いてみてはどうかと誘ったが，表情を変えることなく楽器を叩くこともなく，初めての他者から誘われても動くことはないのではと思った。日頃からの付き合いがないと，このような誘いには乗りにくいのだろうと思った」という感想もあった。

　また，拒否的なものを含めた言語表出や身振りの表出の活性化の背景には豊かな生活歴やイメージの世界があることが感じられた。それは冗談，脅かし，拒否や否定といった身振りや言語の形でも現れていた。

　スタッフからは次のような意見が聞かれた。

・興味がありそうなので楽器を渡したが「いらん」と言われた。

・モールを付けてあげたら明るい顔になった。

・動物の形の楽器を渡したが，楽器というよりも動物そのものとして受け止めていた。

・楽器に限らず物に集中して弄ぶ人があった。

・カエルを叩いたり見比べたりしていた人は，最後に「家に帰る」と言った。カエルという言葉に反応されたのだろう。

・本日は，キラキラしたものが多かったのもあるが，反応があった。自前でクリスマスツリーの帽子をかぶっていた。どんな奴が来たかという興味を示していた。関心をもつ人とそうでない人の差が大きかったと思う。

・楽器を鳴らすことで乗ってくる人もうるさく思う人もあって，その反応が面

白かった。

　これらは，利用者が音以外の様々なものに反応しているということを示している。色であったり，形（かえる，クリスマスツリーなど）であったり，触感であったり，その反応の感覚は様々である。

　また，2019年3月に「グループホーム」「特養」「デイサービス」の入居者（それぞれ5～10数名）に対して「ちんどん」を実施して，そのシーンをビデオ分析のために記録した。

　このときは，比較的手狭な空間であったので，スタッフと利用者の一対一の関わりが中心になり，利用者同士の関わりについてはあまりみることができなかった。しかし，「グループホーム」では利用者の集団的な生活空間ということもあり，立ち上がって自ら「ちんどん」を促したり，リードしたりするような利用者も見られた。利用者の，来客を意識したかのような反応や，迎える所属集団を意識したかのような反応は，来客への礼節を保とうとしたり，所属集団や新規参入者である「ちんどん」のメンバーに対して自分をアピールしているかのように感じられた。ちんどんアクティビティーには，彼らの社交性のレベルを保持するための環境アセスメントにつながる可能性があると思われる。

（3）認知症高齢者のコミュニティー

　しかし，実のところ，利用者は「ちんどん」を行う人たちに対してどう感じているのだろうか。来客なのだろうか，侵入者なのだろうか。利用者にとって「ちんどん」の空間が家庭におけるリビングのようなリラックスした空間なのか，あるいはホストして人を招き入れる空間なのか，利用者によって感じ方も違うだろう。ちんどんアクティビティーによる環境アセスメントには，こうした利用者の生活文化の背景を捉えることが重要となる。また，こうした感じ方も覚醒レベルや時間的な経過によりどのように変動するのかを，アクテビティーをとおして把握できる可能性もある。

　こうした利用者の反応は，認知症高齢者の社会性とどう関わるのであろうか。たしかに，ちんどんアクティビティーは，社交性レベルのアセスメントにつな

がる可能性もある。利用者が空間や集団をどう認識しているかを検討することによって，そこに認知症高齢者のある種のコミュニティーが存在しているのか，そして，ちんどんアクティビティーのような活動がさらなるコミュニティーづくりのきっかけになるのか，という点を考えていくことも重要であろう。

　毎回，ちんどん行進に参加するサンビレッジのスタッフは熱心に取り組み，利用者に楽器や衣装（飾り含む）を手渡したりして利用者の反応を観察していた。「利用者から思いがけない反応が出て日頃のケアの振り返りになった」「スタッフも一緒に楽しめた」といった肯定的な感想に加えて「他の施設で実施したときに比べて受身の反応が目立った」「以前は反応が出た利用者の反応が乏しく認知症の進行のせいかと思った」等の具体的な感想は，そうしたことを反映している。こうしたなかから，衣装の工夫や弄ぶ物を置いておくなど様々な提案もされていった。このように，現場で日常のケアを行うスタッフが参加し，利用者個々人の様々な特性を発見することは，言語以外のコミュニケーションの可能性や場の在り方などについて日常の業務のなかで工夫がされていく可能性が開ける。

（4）能力を見出す，地域につなげる

　サンビレッジでのちんどんアクティビティーの試みでは，様々なシチュエーションを設定しながら行ってきた。しかしながら大切なのは，あらかじめ想定したプログラムを全うすることではなく，対象者の状況にあわせて臨機応変に対応すること，自然な反応が表れやすい環境をつくり，自然な反応の在り方に注目することである。

　先述した三重県立看護大学での活動において，ふだんはめったに笑わない介護老人ホームの利用者が自然と踊りだした例も，そうした活動のなかで発見したことである。このことは，高齢者に限らず，障がい者を対象とした場合にもあてはまる。筆者は，障がいのある子どもたちの放課後デイサービスの場で同様の経験をしている。そこでは，太鼓に関心をもった子どもの姿を見て，タイの民族楽器でノリのよい炭坑節を演奏しはじめたところ，その子どもの叩く太

鼓はさらにリズミカルになり，スナップをきかせて打ち，力強い響きになっていったのである。踊る認知症高齢者の例も，障がいのある子どもの例も，スタッフも見たことのない姿だということであり，その人の潜在能力を引き出せた例である。

　また，障がいのある子どもたちの通う支援学校で，生徒たちにフィリピンの竹楽器トガトンの体験をさせたことがある。トガトンとは竹を数本長さを違えて切り，地面に打ち付けて音を出す楽器であり，切る長さの調整によって音階を出すことができる（8本でドレミファソラシドの1オクターブ）。1人2本ずつ持って数人で演奏する竹のハンドベルともいえるものである。しかし，支援学校の生徒たちに「自由に音を出してごらん」というと，トガトンをマンホールの金網の上で叩いたり，壁にたたきつけたりして音をだす者もいて，楽器という既成概念を越えた発想の豊かさに驚いた記憶がある。トガトンは数人で合奏の練習をすることで協力する心を育てることに役立ったりもするが，合奏の練習にこだわらず，楽器という先入観を越えてただ音の面白さに関心を示す姿にこそ，その生徒の個性が発見できるのだとその時感じた次第である。

　自然な反応からみられるその人の特性の発見は，施設などの利用者の「ケアに役立てる」ことができる。しかしながら，そうした特性の発見はその人自身の理解につながり，「コミュニケーションに役立てる」ことへと変わりうる。しかし，そもそも「ケアに役立てる」とはどういうことなのだろうか。認知症の高齢者の生活の支援をするという側面もあるだろうが，それだけではなく，その人のできることや持てる能力を発見し生かせるようにすることも「ケア」の重要な側面ではないだろうか。さらに，そうした能力は，何が起こるかわからない，たえず変化する日常のなかで現れるという側面も重要である。

　ちんどんアクティビティーによって発見されるものは，日常生活のなかでのできごとをわくわく感として捉えることを可能にする。施設の日常生活においてわくわく感を見出すことは，利用者が施設を生活の場としていくうえで大切なことである。近年，「地域の中の施設」というコンセプトから，施設と地域を結ぶ試みも盛んになってきており，施設に地域の人を呼んで地域イベントを

行う例がよくみられるようになってきたが，それだと年に数回のイベントのみのわくわく感になってしまう場合もある。

　地域との結びつきが表向きの形にすぎないのであれば，そのような形にこだわるよりも，施設も地域におけるひとつの生活の場と捉え，そこがわくわくする場であることを考えることが大切なのではないだろうか。大切なことは，施設も地域の重要な一員であるという認識である。

　このような施設という生活の場でのわくわく感，見出された個々人の能力をもとに，施設外の地域との関わりがより意識されていれば，認知症の人や障がいのある人も，そうでない人々とコミュニケーションをとり，地域全体のなかで個々人がもてる力を生かしながら生きていくことを可能にする。しかしそれはまた，地域の人々のそうした理解も必要になってこよう。その意味で，スタッフ参加型アクティビティーから，さらに地域住民参加型アクティビティーへのステップが必要かもしれない。

5　アートと福祉——障がい者・音楽・地域

　以上のように，三重県立看護大学での試みから「ちんどんセラピー」が生まれ，それは，現在も高齢者施設，障がい者施設を中心に続けられ，「ちんどんアクティビティー」と称して，複合福祉施設サンビレッジにおいてアセスメントの試みが続けられている。

　この一方で，筆者は2016年より，NPO法人「音の風」の会員（2019年4月より理事）として，福祉現場での音楽活動に関わるようになった。NPO法人「音の風」では，会員の多くが音楽活動に関わっており，提携する京都市内の高齢者・障害者施設を定期的に訪れ，音楽を提供したり，利用者とともに演奏を行ったりしている。そうしたなかで，筆者は，三重県立看護大学時代の同僚八田氏に参加してもらったり，他の会員と合同で民族楽器の演奏や「ちんどんセラピー」を実施したりしている。そのようななか，2018年6月に，岡崎いきいき市民活動センターで，「障害者・音楽・地域——障がいのある人の表現活動に

図7-6　シンポジウムポスター

　ついて考える」というシンポジウム（図7-6）を行った。総合司会は，NPO
法人「音の風」代表理事および京都市岡崎いきいき活動センター長である西野
桂子氏が務めた。

　このシンポジウムの趣旨は，日常の生活の場である「地域」において，顔を
つきあわせた関係がだんだんなくなりつつある現在，障がいのある人もない人
も一緒に生活をしていくことを，アートをひとつのきっかけにして考えようと
いうものである。筆者はこのシンポジウムのコーディネーターを務め，藤原顕
太氏（社会福祉法人グロー法人本部企画事業部），伊藤拓也氏（国際障害者交流セン
タービッグ・アイスタッフ／演出家），山下完和氏（社会福祉法人やまなみ工房施設
長），山下純一氏（盲目・車いすのミュージシャン）の4名のシンポジストが，障
がいのある人の様々な表現活動の事例を紹介，今後の地域における障がいのあ
る人の表現活動に対する重要な指摘がなされた。ここで議論されたポイントは，
先述の「ちんどんセラピー～ちんどんアクティビティー」の試みと大きく関わ

るものである。そこで，いったん，このシンポジウムの内容と議論のポイント
を整理してみたい。

　藤原氏は，障がい者と支援者が，音楽を演奏する間は，ケアを「する・され
る」といった関係とは違う関係になることができ，生活のなかで重要な時間と
なっているという。年に1度の大きな発表の場である糸賀一雄記念賞音楽祭は，
さらに大きな非日常の瞬間になる。音楽祭という非日常の1日は，彼らの生活
の深いところに関わっている，地域における障がい者の表現活動を考えるうえ
で，「日常と非日常」の関係は重要なキーワードだと述べている。

　伊藤氏は，「大阪府障がい者・芸術・文化コンテスト」を題材に，そこでの
評価基準に「個性やオリジナリティー」が付け加えられたことにふれており，
音楽の精度・演奏の完成度よりも，その人らしさを見る流れになったと述べる。
何かを切実に表現している「何か」は作品とは呼びにくいかもしれないが，生
に密着したありのままの自己表出であることに着目すべきで（when is art,
when is music? という問いかけ），既存の表現のあり方が，参加者の個性やその
人らしさを消してしまっているのではないかと指摘する。違いを超えてその人
となりを知ることこそ，より重要なことであるという。

　山下完和氏が施設長を務める重度知的障がい者を中心とする「やまなみ工
房」は，利用者が様々なアートを紡ぎ出すことで知られており，その「作品」
は企業により商品のデザインに用いられたり，欧米の美術館に展示され高く評
価されている。しかし，山下氏によれば，それは，スタッフが指導したわけで
もなく，利用者自身もアーティストを目指しているわけでもなく，ただ，粘土
や絵で何かを表現することに喜びを感じる人々が，毎日夢中で向き合っている
だけだという。福祉とかアートとか，そういった枠組みのなかで彼らの行為を
捉えるのではなく，「彼らが喜びで満たされ，真剣に向き合えるものが今ここ
にあるか」に向き合うことが重要であるとする。表現活動から得意な部分を探
し，社会に発信することで，新しい価値観・芸術観がつくり出されることが目
指されるべきだとする。

　山下純一氏は障がい当事者のミュージシャンであり，実際にブルースハープ

を演奏したあと，以下のように語った。

　音楽への向き合い方は人それぞれであり，人の自由である。身体障がい者が演奏する場合，その身体的制約により，健常者と同じ奏法はできないが，そこには様々な工夫が可能である。また，音楽の演奏にも「障がい者枠」のようなものが存在し，そうした枠でのコンテストをはじめ，「障がい者」という色眼鏡で評価される場合が多い。障がい者も健常者も関係なく，優秀なアーティストは世界に数多く存在し，日本でもそうした意識が進むことが期待される。

　4名の話から，障がい者を含めた様々な人々が生きている地域について考えるヒントが得られた。

　藤原氏の示した，日常に「表現」という非日常を持ち込むことで「世話をする／される」を超えた関係を形づくり，その積み重ねが生きがいづくりにもつながるという点は，日常生活そのものの中にもみられる。山下完和氏は「福祉やアートとかいう枠組みから見るのではなく，喜びや真剣に向き合えるものが今ここにあるかを常に考える」と述べる。また，伊藤氏が示した“When is art, when is music?”という言葉には「個人の特性をどういうときにどのように捉えていくのか」という意味がある。日常生活で接する人のもつ特性，良さに気づき感動する瞬間をどれだけ多くもてるか，それがある意味アートであり，「日常生活の場」としての地域をより豊かにするのではないのではないだろうか。

　山下純一氏は，そのすばらしい演奏とともに，障がい者というフィルターを通さずに評価されることも重要だと指摘した。健常者が障がい者のお世話をするとか，障がい者のグループを指導するという関係ではなく，プロとしての活動，ステージをつくる活動，そして日常の中で接する人たちそれぞれの中にある特性への気づき，そんな様々なレベルの表現活動が盛んになることが，関わる人全てが役割をもち，生きがいを感じる地域（生活の場）をつくることにつながっていくのではないだろうか。

6　集まりたくなる場所——居場所

　筆者は，以上の内容から，いわゆる目に見える形でのアート（「芸術」という
ことばを想起させるような）でなくても，日常のなかの何らかの表現が，その人
の特性の気づきになるような，そんな日常の生活の営みが，多様な人々を包摂
する地域のヒントになるのではないかと考えている。

　地域には，たとえば行政が予算を投じて場所を用意しても人が集まらない場
所も時にみられる。しかしながら，よくみると，お金をかけずとも自然と人が
集まっている場所もある。人が集まりたくなる場所とはどういうところなので
あろうか。

　荻原健次郎はその著書『居場所』で，「居場所」というものを考えるうえで
重要な点を次のようにまとめている（荻原，2018）。

　私たちはこの世界で，まず身体的存在として空間を占拠していて，そこに自
分が住み込んでいる。つまり身体は，肉体的側面だけではなく，自分という意
識を支える母体である。それは同時に他者・自然・事物に対して意味を感じ取
ったり，世界を切り取る母体にもなっている。このように拡大したり縮小した
りする精神性と物質性を合わせ持つ身体は，現象学において「生きられた身
体」と呼ばれる。「居場所」とは，「自分」という存在感とともにあり，自分と
他者の相互承認という関わりのなかで生まれるもので，その時，「生きられた
身体」としての自分は，他者・事柄・物へと相互浸透的に伸び広がっていき，
同時に，それは世界（他者・事柄・物）のなかでの位置感覚の獲得であるととも
に，人生の方向の生成でもある。

　すなわち，他者との関係の中で自分の位置を獲得しながら，生きていく方向
を感じ取っていく，そのような場が「居場所」なのだという。

　このことは，広井良典がいうような，結果を求めることよりも，時間をかけ
てプロセスを共有することが創造的福祉社会の要件であるという考え方にも通
じる（広井，2011）。できあいの箱物よりも，他者とプロセスを共有しつつ，自

分と事柄や物への相互浸透を経て，愛着をもつ空間が生まれる，そうした場が集まりたくなる場であり，「居場所」になり得るのではないかと思われる。

　筆者は以前，三重県漁村の「海辺の小屋」の例を示し，長年漁師を経験した高齢男性の多くが，公民館で行われる老人クラブの会合に出席せず，自分たちで海辺に建てた小屋で，日がな一日，海を眺めて暮らしている様子を報告したことがある。この場合も，半公的な老人クラブの会合より，長年の生活で身体化された海辺という環境と，長年の付き合いの仲間に安らぎを感じていたのであり，長い時間をかけて仲間との関係のなかでつちかってきた場への愛着がポイントとなっている（馬場，2011）。

　また，身体と心の関係を研究する気功家でもある，京都文教大学臨床心理学科教授の濱野清志氏とともに，介護老人保健施設のデイサービスで，ちんどんと気功のコラボパフォーマンスを試みたことがある。ここでは，楽器と鳴り物に合わせて歌を歌ったが，最初は利用者それぞれが椅子にすわって，「ななつの子」を歌った。それは「からすー，なぜなくのー」と息を吐く部分の多い歌詞であり，呼吸を意識する効果があるためである。ついで，「むらのかじや」を歌いながら，肩から手の先までを叩いて気を通す。ここまでは個人個人の営みであるが，次に，隣の人と手をつないで身体をゆらしながら足踏みをしつつ，「365歩のマーチ」を歌った。個人の身体に通った気は，つながれた手を通して利用者相互に伝わる。その間，楽器と鳴り物の音も鳴り続け，場の雰囲気をつくる。ここでは，一つのアクティビティーを共有することで，個人の身体のみならず，いわば場の気を高めることを意図している。ここでもプロセスの共有が心地よい場づくりに重要であることが示されている。

　「ちんどんセラピー」として始められた筆者らの試みでは，演者と観客の壁をとりはらい，スタッフも巻き込んで一つの場をつくる。先述したように，その営みは，治療（キュア）や狭義の「ケア」（世話する―される）ではなく，音楽・笑い・踊りで五感を刺激する時間・空間をシェアするいわば療法的音楽活動になぞらえられる営みである。障がい者・音楽・地域のシンポジウムにおいても，弱者としての「障がい者」をケアするのではなく，日常の生活の場で障

がい者を含めたすべての人々の特性に気づくための表現活動が注目された。ここに共通して存在するのは，わくわく感というべきものかもしれない。参加によってその内容・プログラムも変わり，演者と観客を超えた関係のなかで起こる偶然性，「ちんどんセラピー～アクティビティー」ではそんなわくわく感を共有しつつ場がつくられていく。日常の生活の集積でもある地域における表現活動は，それがプロの営みであろうと，ある目標をもったアート活動のもたらす非日常であろうと，日常に喜びをもたらし，真剣に向き合える対象だろうと，日常の偶然の発見だろうと，どのような形であっても生きていくわくわく感が味わえ，毎日に新たな発見をし，そういうものを他人と相互承認しつつそのプロセスを共有する，そんな地域社会につながる可能性をもっている。

　「ちんどんセラピー～アクティビティー」はそういった地域のあり方の一つの象徴でもある。ゆるさの中に全てを取り込み，それぞれの個性が発揮できる場の表現を，今後も試行錯誤のもとに続けようと考えている。

　平成時代を振り返る番組の中で，平成30年間は，ネットの普及の影響もあるかもしれないが，ある意味，良くも悪くも，システム化が進みすぎた時代であったという意見がみられた。また便利すぎると一人で何でもできてしまい，一つの仕事を皆で協力して進める必要度が減少するという声もある。これらを「便利が生む不便」と呼ぶ人もある。バリアフリーは徹底しない方が，障がい者とその周りの人が自然に助けるというようなコミュニケーションが日常的に生まれるという意見もある。

　多様な人の集まる地域である。まあいいや，と受け入れ合う関係こそ重要であるという声も聞く。なんでも，まあいいや，と受け入れる空間「ちんどんセラピー～アクティビティー」は，そんな地域の姿を象徴するものでもある。

第Ⅲ部

全ての子どもに居場所のある地域づくり

第8章
子ども食堂から地域共生社会を考える
──地元の大学にできること──

1 子ども食堂への関心の高まり

　子どもの貧困に注目が集まり，その対応の1つとして，全国に「子ども食堂」が誕生している。その結果，子どもの貧困や子ども食堂への関心がさらに高まり，マスコミで話題になったり学会などアカデミックな領域でも実践や研究が報告されたりしている。子ども食堂が広がることで実際に子どもや家族が支援され窮状を乗り超えていることは評価できることである。政府は「子どもの貧困対策推進法」を2013年6月に成立させ，翌2014年8月には「子どもの貧困対策大綱」によって現状確認とそこへの対策を示した。そして，様々な施策を提案し都道府県や市町村とともに子どもの貧困対策に取り組んでいる。

　京都文教大学は宇治市槇島にあり，子ども食堂は当大学周辺にも複数存在し，それぞれが設立の趣旨や経過を大切にしながら運営している。地域との交流や協働を大切に考える当大学として，子ども食堂に対してどのような関わりができるかがあり重要なところである。

　本章では，子どもの貧困や子ども食堂に関する現状と課題などを示しながら，まずその概要についてまとめる。その後，当大学周辺にある2つの子ども食堂の現状と当大学との関わりについて示していく。最後に，子ども食堂の開設や実践が地域社会にとってどのような意味をもつかについて考察していく。

2　子どもの貧困と子ども食堂

　子どもの貧困とはどのようなことをいうのだろうか。飽食であったり物があ
ふれたりしている現代において，貧困とは何のことなのだろうか。本節では子
どもの貧困について概要を示し，該当する子どもや親に対する子ども食堂の現
状を示す。なお，本章において子どもとは，0歳から18歳までの子どもを対象
にしている。

(1)「子どもの貧困」の規定と現状

　まず，貧困に関する基本的な規定についてであるが，内閣府（2017）『子供
の貧困に関する新たな指標の開発に向けた調査研究　報告書』の第2章，1. 貧
困に関する指標の考え方，1-1金銭的指標だけでなく貧困を多面的に把握す
る指標への発展，における絶対的貧困および相対的貧困に関する記載を参考に
して，筆者は貧困を次のように考えている。

　絶対的貧困：人間は必要最低限の食糧，住居，生活必需品を得られないと生
　　　きていけないが，その水準を維持するための所得や消費水準に達していな
　　　い状態のこと。
　相対的貧困：等価可処分所得の中央値の半分に満たない世帯の生活状況を示
　　　す。いわゆる「習慣的な生活」が困難になる水準のこと。趣味に使える金
　　　がないわけではないが進学などまとまった金額を準備できないなど，やり
　　　くりできることとできないことが近接している。ちなみに湯浅（2017：30）
　　　によると，2012年調査において個人や家庭における相対的貧困は，単身者
　　　で約122万円，2人世帯で約173万円，3人世帯で約211万円，4人世帯で
　　　は約244万円までが当てはまる。
　なお，相対的貧困についてはOECDの基準によるものであり，本章でいう
子どもの貧困とは相対的貧困の意味である。

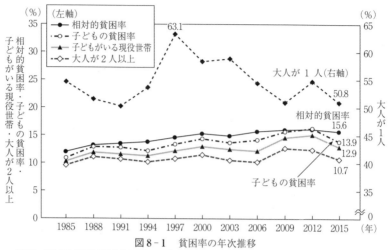

図 8 - 1　貧困率の年次推移

（出所）「平成28年国民生活基礎調査」より改変。

　子どもの貧困の現状はどのようなものなのだろうか。たとえば，貧困率については「平成28年国民生活基礎調査」によると図 8 - 1 のとおりである。日本において近年では貧困率は徐々に高くなっており，2012（平成24）年に相対的貧困率が16.1％，子どもの貧困率は16.3％と過去最高になった。この時点において子どもの約 6 名に 1 名が貧困状況にあったのである。ちなみに，OECD加盟の34か国中で最も低いデンマークでは約30名に 1 名であった。

　2015（平成27）年調査においては，相対的貧困率は15.6％，子どもの貧困率は13.9％に低下している。子どもの貧困率は2012年の調査に比べて2.4％低下し，約 7 名に 1 名の子どもが貧困率の対象になっている。2.4％の低下は子どもの全人口（ 0 歳から18歳）で換算すると約47万人から48万人にあたり，これらの子どもが貧困から脱したことになる（湯浅，2017：4）。

　2.4％の低下を多いとみるか少ないとみるか，どのように考えたらよいのだろうか。 3 年間に約47万人から48万人の減少は，子どもの全人口に比べると多くないのでさらに対策が必要だという人もあろう。積極的な意見ともいえるが，人数で判断しようとすると個人の観念的な要素が大きく影響することになる。

　後に触れるが，2012年の調査結果をみて政府は対策のための法制定や具体的な取り組みを実施しており，まだ数年間に過ぎないながら施策による取り組みが実施されている。その後の2015年の調査結果が先に示した13.9％なのである。つまり，子どもの貧困対策のための法を制定し施策を打つことでその貧困率を低下させることができたと考えると，この数字の意味は価値をもっていると考えられるのである。

（2）具体的な子どもの貧困の状況

　それでは，子どもの貧困とはどのようなことをいうのだろうか。加藤彰彦（2016：2-3）は自身の沖縄県における実践などから，①お金が乏しい，②時間が乏しい，③希望が乏しいことにまとめられる事象をあげている。そこに筆者は，④人間関係が乏しい，⑤その他の特徴2項目を追加して表8-1のような状況であると考えている。

　大切なことは，子どもだけの問題として捉えるのではなく，背景を含めて子どもの貧困を捉えなければならないと考えている。上記について複数の項目に当てはまるようであれば，相対的貧困の状況にあると考えられる。

　子どもの貧困が子ども自身に与える影響はどのようなことがあるのだろうか。次の例は，子どもの貧困と同一には考えられないものの，林明子（2016）は生活保護世帯の子どものライフストーリーを研究するなかで次のような特徴を示している。林は1つの章を費して示しているが，筆者なりにまとめると表8-2のようになる。ただし，すべての生活保護世帯の子どもがこのような状況にあるというわけではない。

　この研究をもとに林は表8-3のような提言をしている。対処は一つの方向からだけではなく多面的に検討し実行していかなければならないことを示している。この提言は子どもの貧困に関する対策においても援用できる観点がある。

（3）法律制定による取り組み

　政府は子どもの貧困についていったいどのような施策をとっているのだろう

表8-1　子どもの貧困のイメージ

項　目	具　体　例
①お金が乏しい	・子どもの視力が悪いがメガネを買ってやれない。歯も治してあげられない。 ・成績は良いし頑張っているが，大学への進学は無理なので断念せざるを得ない。 ・子どもが部活へ入りたがり入れてあげたいが，道具，試合，合宿の費用が大変で入れさせられない。
②時間が乏しい	・子どもに栄養のある食事を作ってやりたいのだが，（仕事のために）そんな時間もなく手抜きをしている。 ・少し具合が悪そうだけど，（ダブル or トリプルワークのために）子どもを医者に連れて行けずそのままにしている。 ・夜は子どもの話しをゆっくり聞いてあげたり，本を読んであげたりしたいが，仕事に行くのでその余裕がない。 ・仕事を休めず授業参観に行けない。
③希望が乏しい （資格取得，留学，進学，就職，結婚，家族をつくる，など）	・結婚したいが収入が低く，これからの生活を考えると不安で決断できない。 ・結婚して子どもを育てたいが，住宅費，教育費のことを考えると無理と思ってしまう。
④人間関係が乏しい （関係性が広がり難い，深まり難い，など）	・多忙な仕事なので職場での付き合いがない，働き詰めなので地域での付き合いがない。 ・友人がいない。 ・ママ友だけである。だが，それは緊張を孕む。 ・親とともに生活できない，頼る人がいない，支援してくれる人がいない，など。
⑤その他の特徴 （希望格差など）	・衣食住，交友などに関すること：何日間も風呂に入れない，シャンプーできない，自分のための服がない，朝食がない，家族で夕食を囲めない，外食ができない，友人との交遊ができない。つまり，友人にはできていることが自分にはできない，など。 ・学習や進路に関すること：学習の遅れ，塾に通えない，進学が叶わない，将来を描けない，親に相手にされない，など。

（出所）　①～③は加藤（2016：2-3）より抜粋し，④⑤を加えて筆者作成。

か。まず，法の整備からみると，政府は基本となる法律を整備した。それは，「子どもの貧困対策の推進に関する法律」（子どもの貧困対策推進法）であり，2013年6月に成立した，全文でも3章16条の短い法律である。目的と理念は次のとおりである（下線は筆者）。

表8-2　生活保護世帯にみる特徴

項　目	具　体　例
不安定な家庭状況	夫婦喧嘩が頻発する，母子家庭である，父母の体調が不良，継父やその子と同居している，家族構成員の増減体験がある，経済的な困窮，うちはお金がないから（進学など）無理といわれる，子どもとして面倒を見てもらえない，相談に乗ってもらえない，など。 つまり，子どもへの養育機能が非常に低い。
役割を担っているが，これがその子の自己肯定感，自己評価，アイデンティティに関与している	家事担当，弟妹の面倒をみる，バイトの金を入れる（家計への金銭援助，（時に父母の遊興費になる？）），家族から相談を受けたり調整したり，継父から母を守る，父母祖父母の世話や介護，自分の小遣いや学費を捻出，など。 つまり，家庭維持のための役割を果たしたり，家庭を第一に考える心性ができていた。

（出所）　林（2016）より筆者作成。

表8-3　具体的政策的な提言

項　目	具　体　例
第三者による居場所支援	・自立の基礎づくりとして子どもに直接支援する （家族以外の拠り所を作る，自己肯定感やアイデンティティの保証，食事の提供，学習支援，憩える場，遊べる場，相談できる場をつくる，等）
学校での取り組み	・自己肯定感を高める教育活動や支援，研究・実践を行う。 ・学力保障 ・思春期まで「逸脱」を持ち込ませないさまざまな移行支援
家庭全体への支援	・親への支援（制度とサービスにつなげる，ソーシャルワーク等） ・過重な家事役割を軽減する生活支援（食事の心配，子どもだけの食事，弟妹の面倒，父母などをケアさせる，等） ・勉強や部活の時間を確保できるように支援 ・子どもが相談できる場の設置（子どもは両親の離婚，家庭生活の変容などで傷ついている。自己肯定感やアイデンティティの保証が重要）
経済的支援	・子どもに焦点化させた支援制度や相談窓口整備（世帯単位とは別に），子どもの生活費，学校の必要資金，受験時の資金，奨学金制度，生活福祉資金等の充実化等

（出所）　表8-2と同じ。

（目的）

第1条　この法律は，<u>子どもの将来がその生まれ育った環境によって左右されることのないよう</u>，貧困の状況にある子どもが健やかに育成される環境を整備するとともに，教育の機会均等を図るため，子どもの貧困対策に関し，基本理念を定め，国等の責務を明らかにし，及び子どもの貧困対策の基本となる事項を定めることにより，子どもの貧困対策を総合的に推進することを目的とする。

（基本理念）

第2条　子どもの貧困対策は，<u>子ども等に対する教育の支援，生活の支援，就労の支援，経済的支援等の施策を，子どもの将来がその生まれ育った環境によって左右されることのない社会を実現すること</u>を旨として講ずることにより，推進されなければならない。

　全てについて重要だがその中でも下線部分は非常に重要である。なぜならば，子どもの貧困を「子どもの貧困がその生まれ育った環境によって左右されることのないよう」と，その子どもの個人的責任にせずに環境整備の重要性を示しているからである。また，貧困対策として，「子ども等に対する教育の支援，生活の支援，就労の支援，経済的支援等の施策」と，多面的な支援が必要であることを明記しているからである。これらの観点は非常に重要である。

　具体的な施策については，第8条に規程された子どもの貧困対策大綱によって次のように対応するとした。

（子どもの貧困対策に関する大綱）

第8条　政府は，子どもの貧困対策を総合的に推進するため，子どもの貧困対策に関する大綱（以下「大綱」という。）を定めなければならない。

２　大綱は，次に掲げる事項について定めるものとする。

　一　子どもの貧困対策に関する基本的な方針

　二　子どもの貧困率，生活保護世帯に属する子どもの高等学校等進学率等

　　子どもの貧困に関する指標及び当該指標の改善に向けた施策

　三　教育の支援，生活の支援，保護者に対する就労の支援，経済的支援そ
　　の他の子どもの貧困対策に関する事項

　　四　子どもの貧困に関する調査及び研究に関する事項

3　内閣総理大臣は，大綱の案につき閣議の決定を求めなければならない。

4　内閣総理大臣は，前項の規定による閣議の決定があったときは，遅滞な
　く，大綱を公表しなければならない。

5　前二項の規定は，大綱の変更について準用する。

6　第二項第二号の「子どもの貧困率」及び「生活保護世帯に属する子ども
　の高等学校等進学率」の定義は，政令で定める。

　ここでも重要な観点として，下線部にあるような多面的な支援の必要性をあ
げていることである。このような支援について，学校をはじめ教育の場や日常
生活の場において，保護者を含めた家族への支援および経済的支援として対応
する必要性を示しているのである。さらに，ここでは示していないが，地方公
共団体（都道府県，市町村）においても必要な施策を講ずることが示されている。

　このように，子どもの貧困対策は貧困対策大綱の策定によって，国および地
方公共団体や関連分野における総合的な取り組みとして実施されているところ
である。

（4）子ども食堂の現状

　対象になる子どもの最も身近な生活場面において，具体的に支援しているの
はいわゆる「子ども食堂」によるものである。ここでは，子ども食堂に関する
基礎的な情報を示しておく。そして，次節では京都文教大学周辺の子ども食堂
について具体的に触れる。

　子ども食堂は，貧困や親の不在などのために食事ができない，あるいは孤食
であるといった子どもを対象に，無料あるいは安価で食事を提供する場として
2012年頃から各地で展開されてきた。子どもが十分に食事を摂れなかったり孤

食であったりすることに対して，地域の住民や団体が何とかしようとして取り組みだしたことが源流だといわれている（湯浅，2016：68-75）。子どもだけで食堂に来ることは不安だったり世間の目を感じたりするものである。だが，子ども食堂は，子どもだけでも来ることができたり，子どもの笑顔が表出され，一緒にいる地域の人たちと世代間交流が図られたりできる場なのである。子どものための食堂ではなく，子どもが来てもよい食堂だと考える方がわかりやすい。その結果として子どもの不安が軽減されたり，子どもの本音が出たり，必要な栄養が摂れ成長を促したり，身近な大人との関わりにより自分の将来を考えたりすることができる。

　その数について朝日新聞社が2016年5月に調査したところ，子ども食堂は全国に319か所確認されていた（朝日新聞，2016）。最近では，2018年に「こども食堂安心・安全向上委員会」が調査したところ，全国に2286か所が確認されたという。同会が2018年1月から3月にかけて全国の社会福祉協議会から聞き取り，さらに子ども食堂の運営者らによる調査を行ったもので2018年4月に結果を報告した。

　最新の調査として，2019年6月27日付け朝日新聞の4面において，3718か所に増加しているという結果であった。年間の利用者は推計で約160万人にのぼるという。調査方法が異なることも考えられるが，単純比較すれば昨年度比較からさえ約1.6倍以上の増加であり，2016年度比較では12倍近くに増加していることになる。これは，「子どもの貧困」の深刻さに対する関心の高まり，支援の広がり，対策が取られたことにより増加していると考えられる。

　子ども食堂は，先の子どもの貧困対策大綱によれば生活支援に当たるところであるが，なかには教員（現職や退職者を含む）や大学生のボランティアが宿題を見てあげるという，学習の支援をすることで教育支援になっているところもある。子ども食堂の存在意義について，「こども食堂安心・安全向上委員会」は次のようにまとめている。

　①　子どもにとっての貴重な共食の機会の確保

　②　地域コミュニティの中での子どもの居場所を提供

子どもやその親を直接支援することのみならず，子どもの居場所を提供することによって地域コミュニティへの働きかけにもなり，コミュニティにおける人々の関わりに変化をもたらす可能性を含んでいるといえる。

　次に，3節と4節で京都文教大学周辺にある子ども食堂のうち「Reos 槇島」と「つなぐ」の2か所の責任者による，それぞれの子ども食堂の現状を紹介する。子ども食堂の設立経緯，設立後の活動経過，当大学との関わり，子どもたちの様子，地域に子ども食堂があることの意味について理解を深めるためである。

3　「Reos 槇島」という場
（林　義彦：一般社団法人マキシマネットワーク代表）

（1）活動経過

　Reos（リオス）槇島は，「Relation open space ＝つながりひろば」として，宇治市槇島地域の青少年健全育成協議会メンバーが中心となり2011（平成23）年11月にオープンした。地域の子どもたちの健全育成に取り組み，大人への信頼と地域で育つことの重要性（ふるさと意識）を周知しつつ，子どものみならず世代間を超えた地域の人たちの居場所として，地元農家の協力も得ながら「ファーマーズキッチン Reos 槇島」を運営している。数年前から全国的に「子ども食堂」が注目されているが，集合住宅が多い槇島地域でも，30年ほど前から子どもの居場所の必要性を感じ試行錯誤を繰り返してきた。学校との連携，地域とのつながり，保護者との信頼関係，様々な取り組みを展開するなかで，安心して学習や食事を提供できる場をつくることが，未来ある子どもたちへの地域の大人としての責任であると考え模索していた。

　そのような時期に，内閣府による「平成28年度子供の未来応援基金」の「未来応援ネットワーク事業」の公募があり，2016（平成28）年10月から1年間「子どもサポート拠点つながり食堂」事業として採択され活動してきた。その間の様々な各方面との連携が礎となり，現在も子どもの居場所として「つなが

りひろば事業」を行っている。私たちは，居場所の開設にあたり，地域の学校が30年来抱える子どものネグレクト，居場所を求めた子どもたちの流浪や，親の不在による子どもの非行解消を図るため，次のような目標を掲げた。

①　孤立し閉ざされた家庭環境・親子関係から，開かれた環境に子どもの居場所をつくることで地域との信頼関係を構築し，子どもの孤立感解消と留守家庭児童の不安解消を図ること。

②　安心安全な環境で，異年齢による学習環境を提供することで，他者を認めつつ自己を肯定する関係性をつくり出し，安定した精神状態のなかで学習支援を行う。また，宿題をやらない児童の解消を図ること。

③　子どもたちと近い世代である大学生とふれあうことで成長過程における大人への信頼を構築する一歩前のロールモデルとして新しい関係性を築き，何でも相談できるコミュニティの存在の意識付けを目指すこと。

④　孤食による様々な弊害を防ぎ，寄り添って食べる食育の重要性を説きつつ，食べることの喜びと分け合うことの大切さを身につけてもらうこと。

⑤　家庭によっては土日も親の不在があり，居場所を求めて放浪する子どもが多く存在することから，居場所の確保と同時に，余暇を集団で楽しみ，子どもたちが企画した遊びを大人とともに取り組むことなどで，達成感や安心感が身につくようにし，集団行動の重要性を認知してもらうこと。

以上5つの目標を掲げ実施していくにあたり最も重視したことは，スティグマへの配慮であった。子どもの貧困対策が貧困差別にならないよう広く参加を呼びかけた。そのため生活困窮家庭ではない子どもたちも参加しているが，それがかえって差別意識もなく生活困窮家庭の子どもの参加にもつながり，さらに，母子・父子家庭だけではなく外国人親家庭，支援学校生や不登校児の参加へとつながっている。

その際に気を配ったのは参加者の往復時の危険回避である。冬場になると暗くなる時間も早いため，送迎困難家庭（生活困窮家庭ほど送迎不能）には送迎も

実施した。また，育成学級（学童保育）終了時間に合わせて学校へのお迎えも実施することで，保護者から「安心して行かせることができる」との声も多く，さらにスタッフとして保護者でもある母親にも入ってもらうことで，顔なじみの人がいる居場所は，「安心な場所」として定着し，新たなお友達の呼び掛けにもつながっている。

（2）京都文教大学の関わり

　子ども食堂に欠かせないのが学生ボランティアの存在である。幸い地元槇島には京都文教学園（大学・短大）があり，多くの学生に協力いただいている。学園との関わりは，2005（平成17）年の大学ストリートプロジェクトと呼応した清掃活動への参画や，2009（平成21）年の京都文教短期大学の空き教室を利用した北槇ハーモニー設置など，様々な地域活動で連携した。2014（平成26）年からは，京都文教大学 COC 事業における地域志向教育研究ともいき研究助成事業として，住民参画型「地域と結びつく親と子の絆づくり，子どもへの学習支援」事業として，臨床心理学部寺田教授の主導のもと，Reos 槇島にて学生たちによる学習支援活動を行っている。

　食事の時間は，食を通じた憩いの場としてみんな楽しく過ごし，食べ物の好き嫌いがあった子も改善がみられるなど，あたたかな食卓を提供することができ，異年齢・異学年との学習の場と居場所は，学校や家庭とは違う新たな環境となり，自己形成の場にもなっている。これからも子どもたちのふとした表情，気持ちの変化や言動などを学生スタッフに捉えてもらい，思春期を迎える子どもたちの心のケアにつながるコミュニケーションをたくさん図ってもらえればと思う。

（3）子どもたちの様子

　以上のような経緯もあり，子ども食堂でも主に教職課程を履修している京都文教大学の学生に積極的に関わってもらうことで大きな効果が現れている。学習支援の継続により子どもたちの学習意欲も醸成され，宿題だけでなく別途用

意した学習プリントにも取り組む姿勢がみられるようになった。また，理科の実験，ゲーム，余暇活動やイベントなど興味を引く様々な企画で楽しい時間を演出してもらい，子どもたちの地域コミュニティの一助となっている。開始当初は，少し緊張し様子をうかがう子どもたちも多かったが，回を重ねるごとに心を許し，可愛らしい一面を見せてくれるようになった。

　子どもたちにとって，憧れでもある大学生スタッフは，お兄ちゃんお姉ちゃん感覚で接することができる身近な存在であり普段大人には見せない一面を見せることがある。例えば，学習の遅れから算数プリントが解けず泣き出してしまう小2の女の子。学生スタッフも一瞬たじろいだ様子だったが，泣きたいだけ泣いてもらい，言いたいことも言ってもらうと，ケロッと落ち着き何事もなかった様子でプリント学習を開始した。

（4）子どもをめぐる地域共生をつくる

　この子どもたちの居場所を小中学校，大学と連携し地域が主体となって開設している意義は大変大きく，多方面からの視察でも必ず質問されるのが「地元小中学校との連携について」である。他の地域では学校との連携がなかなかうまくいかないと悩んでいるようである。槇島では以前から，京都文教大学と小中学校の連携は放課後の課外活動支援などで実績があったため，子どもの居場所づくりについても積極的に小中学校にも関わってもらうように働きかけ，教育委員会にも後援してもらうことになった。

　こうしたことで，子ども食堂にも校長・教頭先生や教務・担任教諭にも定期的に参加してもらい，子どもたちの安心感を生んでいる。節分の豆まきイベントには，鬼役を校長先生と大学生が担ってくれた。

　開設以来多くの子どもたちの利用はあるが，まだまだ課題があるのも実情である。特に子どもの多い居住地であるグリーンタウン槇島は，家庭環境の厳しい子どもたちが多く，家庭と家庭の連携が取りにくい状況は依然続いている。さらに中学生は，部活動などで曜日によって下校時間がバラバラになりがちで，利用しやすい時間帯や曜日の開設を検討するとともに，学校とさらに連携し支

援が必要な生徒への参加呼びかけが必要となっている。そして，保護者にとっても子育ての悩みなども相談できる場所として，Reos 槇島が，子どもの居場所としてだけではなく様々な連携の基地としても，今後も活動を続けていきたいと思っている。京都文教学園や行政ともより一層連携しながら，地域力を発揮していきたいと思っている。

4　「つなぐ」という場
（林　友樹：NPO 法人すまいるりんく理事長）

（1）3年間の変化

こども食堂「つなぐ」を2015（平成27）年10月から始めて3年が経過した。2018（平成30）年1月に「NPO 法人すまいるりんく」を設立し，4月には「こどもの城づくり事業」の委託を受け，活動を継続している。開始当初から変わらず毎週水曜日に活動をしている。「つなぐ」では，学校の宿題を見たり，一緒に遊んだり，ご飯を食べたりしている。毎月の誕生日会や物づくり（年4回），サマーキャンプやクリスマス会（年1回）の余暇活動やイベントも開催している。

もともと，こども食堂を始めたばかりの時の参加人数は，12人程度であった。しかし今では，地域の方たちにこども食堂「つなぐ」のことを知ってもらうことができ，多い時には40人を超える子どもたちが参加してくれている。また，保護者の参加も増えつつあり，「子ども×子ども」だけでなく「大人×子ども」，「大人×大人」もつながれる場所となってきている。少しずつではあるが，地域で子どもを見守れる環境づくりができてきているのではないかと思っている。

（2）開設前の子ども達の実状と対応

こども食堂「つなぐ」を始めた経緯は，私の子どもが宇治市槇島町（活動地域）のスポーツ少年団に所属している関係から，ほぼ毎週，土・日に12名から15名の子どもたちが私の自宅に遊びに来ていた。友達がたくさん遊びに来てくれることは自分の子どもにとって喜ばしいことだと思いながら，1年ぐらい，

子どもたちの近況を聞いたり，声をかけたりしながら関わりを続けていた。そんななかで，ある子どもが長期休暇を利用して，父親のいる他府県に帰省する話をしてくれた。

そこから，他の子どもたちも口々にひとり親家庭であることや親に対する思いなどを話し出し，気づけば，自宅に遊びに来てくれている大半の子どもが，ひとり親家庭の子どもたちだとわかった。子どもたちの話を聞くと，「音読を聞いてくれる人がいないから，いつも一人で音読をしている」「自宅に帰ってもお母さんがいない（自宅に帰りたがらない）」「夜ご飯代わりにお菓子を食べている（ご飯はあまり食べられず，お菓子を好んで食べる）」「お金が無いから習い事を辞めなくてはいけない」「お父さんがいない（ひとり親）」等と教えてくれた。

そんな状況を知り，親が帰宅していないときは，ご飯を食べさせて自宅まで送って行ったりしていたが，自宅に帰宅しても親が不在で我が家に避難して来ることもあったため，その度に受け入れていた。また，深夜になっても親が帰って来ず，子どもたちからSOSの電話（親が不在で不安）があり駆けつける等，子どもたちの困り事に対して，適宜対応してきた。

しかし，子どもたちからのSOSがあるたびに対応しても，時間が経てば結局は同じ問題を繰り返すだけで解決に至らなかった。とはいえ，子どもたちのSOSを見逃すこともできず，かといって私一人では対応するにも限界があると感じたため，地域でつながり協力し，困っている家庭やその子どもたちが排除されないように安心安全な環境づくりが必要だと思い，「つなぐ」を始めた。

（3）子どもと親へのアプローチ

問題解決のためには，子どもとその家族への両方のアプローチが必要だと感じた。そこで課題となったのは，「困っている家庭とどのようにつながり，支援の関係をつくっていくか」であった。困っている家庭に安易につながろうとすると，拒絶される可能性もある。まずは，家庭へ踏み込むことを避け，継続的にていねいな関係づくりから始めることにした。誰もが参加できる「開かれた場所を意図的につくる（こども食堂）」そのなかで，主に貧困ラインにいる

「ひとり親家庭」に焦点を当てた支援をしていこうと思った。

　しかし，「つなぐ」を始めた当初は，子どもだけが来て，保護者が来ないという状況だった。こども食堂で「ご飯を一緒に食べる」だけでは，保護者とつながることは難しいと感じたため，もうひと工夫が必要と考えた。そこで考えたのが，①登録シートの活用，②野外活動だった。

　①の登録シートは，保護者との連絡を可能とし，食事面で配慮すべきこと（アレルギーの有無）や，活動中の怪我や事故に対する保険加入，誕生日会の開催などに活用することができた。

　②の野外活動（サマーキャンプ1泊2日）は，ひとり親家庭における子どもはどうしても経験が不足しがちになるため，キャンプを通して，協調性や達成感，普段の生活では経験できないことを体験できるように始めた。サマーキャンプに行く前には，保護者の許可や子どもの状況を聞くことになる。そこで，保護者とつながる機会が自然と生まれると考えた。

（4）京都文教大学の関わり

　誕生日会とサマーキャンプを実現させるためには，「つなぐ」のスタッフだけでは人手不足であり，子どもたちが存分に楽しめる場を提供することができないという問題があった。そのため，京都文教大学に協力のお願いをした。今では，京都文教大学生（以下，「大学生」）の協力のもと，誕生日会やサマーキャンプを共に実施することができている。誕生日会では，みんなで楽しく祝えるように，大学生が誕生日の歌を歌い，催し物や，手作りのプレゼントの提供等をしてくれている。

　サマーキャンプでは，子どもたちが企画した楽しいプログラムをより一層具体化するように動いてくれた。サマーキャンプのプログラム終了後（就寝前），子ども達は，大学生と話そうと集まり楽しい時を過ごしていた。大学生は子どもたちと年も近いことから，子どもたちも関わりやすく，将来のモデルになっていることがうかがえる。キャンプが終わり通常の活動日に，たくさんの子どもたちから「○○○（大学生）は来ないの？　なんで？　いつ来てくれるの？」

と質問攻めにあった。子どもたちにとって良いお兄さん，お姉さんであったことがうかがえた。

その他，大学生主催で「お茶会」を開催した。お茶会では本格的な道具を使い，子どもたちにお茶の作法を丁寧に教えてくれた。食事づくりについては，京都文教短期大学の「食育クラブ」が参加してくれたことで，食事づくりを手伝ってくれることが増え，今では誰がお手伝いをするのかの争奪戦になっている。

（5）活動を通して見えてきた課題と今後の方向性

設立当初から続く支援では，DV 被害，虐待，障がい当事者家族，就労継続困難，健康保険未加入，法律関係の相談などに直面した。解決のために，関係機関（児童相談所，要保護児童対策協議会，学校，障害福祉機関，法テラス）との連携や，随時の相談支援や同行支援を実施してきた。

子どもとの関わりのなかで気づいたことは，ご飯を食べることに困っているという印象は薄かった。昔に比べると「貧困の底上げ」がされているのではないかと思う。どちらかというと，地域や家庭での養育力の低下により，コミュニケーションや経験を積む機会が少ないのではないかと感じた。昨今，養育や経験を積む機会はサービスとして提供されるかたちになりつつある。お金を出して養育や経験を補填すること（機会の外部化）が主流となってきており，経済的に厳しい貧困ラインの子どもたちは，経験する機会が少なく我慢が多いことがわかった。「経験する機会が少ない」ことが，どのように子どもに影響しているのか，自分なりの分析なので偏りがあるが，以下に述べる。

①家族や地域の大人との関わりが希薄化

子どもたちが，自分の悩みや困り事を表現する力が低い。子ども同士のトラブル時に，経過をたどり何が問題だったか考えることが難しい。場所にあった感情のコントロールが苦手である。

②学習に対する自信の喪失

宿題をみてもらえる人がいない（親が子どもの宿題をみてやるかどうかで学力に差が出る）ことから，早い段階でつまずきがある。勉強ができないことを隠すために，他の子の宿題を写してやり過ごしている等の現状があり，学習への自信を失っている。

③長期休暇を一人で過ごす

夏休みや冬休みは，子どもたちの楽しいイベントのはずだが，貧困ラインの子どもたちは遊びに行く機会がなく友達の家を転々とする。自由工作や宿題ができない。外で遊ぼうにも遊ぶ場所がなく，一日中ゲームをするしかない状況があった。これでは，夏休みの思い出や作文も書けるはずもない。また，生活リズムが崩れがちである。

④食事の課題

学校により食事のマナーは守れるものの，偏食がある。保護者に確認すると家ではお菓子をたくさん食べる。よく風邪をひいてしまうとのこと。しかしながら，保護者と一緒にご飯を食べる時間もないので，子どもたちは好きな物ばかり食べてしまう現状がある。

以上の4点が活動を通してみえてきた。このような状況では，格差があるなかで子どもが健全育成することは難しいと感じた。これからも継続して京都文教大学生の協力を得ながら活動を通し，格差により経験が少ない子どもたちに対して，楽しく経験を積む機会の提供ができればと考えている。

5　地域共生社会の模索

子ども食堂が増加していることについては先に触れたが，「Reos 槇島」や「つなぐ」の設立および現状から何を考えることができるだろうか。本節では子ども食堂の類型を参考にしながら，地域共生社会のあり様について模索してみる。同時に，京都文教大学として地域社会とどのように関わっていけるかを検討する。

　地域共生社会とは，「我が事・丸ごと」地域共生社会実現本部（厚生労働省，2017：2）が2017（平成29）年2月に提案した，「『地域共生社会』の実現に向けて（当面の改革工程）」のなかで述べている考え方のことで，めざすこととして次のように述べている。

　「地域共生社会」とは，制度・分野ごとの「縦割り」や「支え手」「受け手」という関係を超えて，地域住民や地域の多様な主体が「我が事」として参画し，人と人，人と資源が世代や分野を超えて「丸ごと」つながることで，住民一人ひとりの暮らしと生きがい，地域をともに創っていく社会を目指すものである。

　これまでの分野ごとで縦割りの制度やサービスから，地域社会における課題を「地域住民や地域の多様な主体が『我が事』として参画し」，解決を図っていこうとする考え方である。多様な生き方をしている市民（地域住民）が，地域における様々な課題について，「我が事」として考えられるかどうかを考慮することなく，いきなり「丸ごと」つながることを前提とした考え方であり，いくぶん思慮不足の観が否めない。

　また，子どもの貧困にかかる課題で考えてみると，子どもの貧困率は13.9％なのだから子どもの85％以上が貧困ではないともいえる。子どもの貧困に関心をもったとしても「我が事」として考えられる人がどのくらい存在するのか，これは大多数というわけではないだろう。

　しかし，子ども食堂の開設やそれに関わる人たちの意思や行動，また，子ども食堂の増加に伴う社会のありようについて，地域共生社会としての一つの姿を構想できるのではないか。子どもの貧困という分野であるが，今後はその分野を超えて地域共生としての地域社会を構想できるのではないか。そのような思いを持ちながら考察してみる。

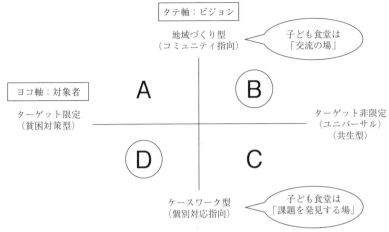

図 8 - 2　子ども食堂の類型（理念型）

（出所）　湯浅（2016）該当部分より転記。

（1）子ども食堂の類型にみる地域共生の構想

　子ども食堂は必要とする子どもに食事を提供する場だが，設立の経過，目的，方法，方向性などによっていくつかの類型に分けることができる。湯浅（2017：75-85）は，横軸に対象者，縦軸に目的を当てはめて4類型に分けることを試みた。つまり，横軸には，右側にターゲット非限定（ユニバーサル共生型）群と，左側にターゲット限定（貧困対策型）群を設定し，縦軸として上側に地域づくり型（コミュニティ指向）群と，下側にケースワーク型（個別対応指向）群を設定した（図8-2）。

　湯浅は，子ども食堂のメインはこの図のB型とD型であるとしている。そして，それぞれのタイプを次のように説明している（湯浅，2017：77-78）。

〈B型〉

　貧困家庭の子どもたちだけを相手にするわけではない。そうでない子どもたちも，そしてまた大人たちにも来てほしい。多くの人たちがごっちゃに交わる交流拠点のイメージ。

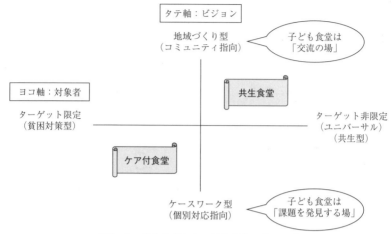

図8-3　共生食堂とケア付き食堂のイメージ
(出所)　湯浅（2016）該当部分より転記。

　みんなでわいわいやりながら，食卓を囲み，思い思いに過ごす，寄り合い所のイメージ。

　地域の子どもや大人が誰でも参加できるプレイパーク（子ども広場）の食堂版と考えるといい。B型を，さしあたり「共生食堂」と呼ぶ。

〈D型〉

　たとえば貧困家庭の子どもたちに学習支援を行う無料塾がある。行政や学校の紹介で子どもたちが通い，教師経験者や大学生など一定のノウハウをもつ者が対応する。それの食事版とイメージすると，わかりやすい。

　無料塾が学習面での相対的落ち込み（格差）を挽回するために行われるように，D型は食事面・栄養面での相対的落ち込みを挽回するために行われる。そして，一緒に食卓を囲むことを通じてつくられた信頼関係を基礎に，家族のこと，学校のこと，進路のことといった子どもの生活課題への対応（課題解決）を目指す。さしあたり，D型を「ケア付き食堂」と呼ぶ。

　一言でいうと，B型は子どものみならず地域に住む高齢者や仕事帰りのサラ

リーマンなども利用できる共生食堂のイメージであり，Ｄ型は学習の遅れや食事など生活に必要な支援も受けられるケア付き食堂である。そのイメージを図8-3として示す。

　ちなみに，先に紹介した2つの子ども食堂については，「Reos 槙島」はその設立経過から判断してＢ型の共生食堂として開設されたと考えられ，「つなぐ」は開設者の意向から判断するとＤ型のケア付き食堂として開設されたと考えられる。だが，近年，「Reos 槙島」ではＤ型の要素も強く求められておりそのニーズに応えている。また，「つなぐ」では利用したいという子どもが増加しており，設立者の意図に反してＢ型の要素も取り入れつつある。子どもたちは食事を摂るという目的だけでなく，子ども仲間として楽しむとか，親しい大人と交流できるという側面を求めて来ている。もっとも，Ｄ型の要素はしっかりと残っており，個別対応が必要な子どもや親に対しては，社会福祉士でもある「つなぐ」の設立者によって相談支援が実施されている。ここでみてきたように，実際には複数の型の要素を併せもつ子ども食堂であることが多い。

　「Reos 槙島」や「つなぐ」を利用している子どもや親にとっては，地域共生の場が子ども食堂として存在しているから，子ども食堂に属することでいわゆる地域からいくばくかの支援を受けながら生活していることになる。このように，子ども食堂を通して地域における共生社会が形成されつつあると考えられる。これも一つの地域共生社会のありようだといえる。地域共生社会とは，何か特定の枠があって，そこに当てはまる姿や考え方があるわけではない。今は地域共生社会のありようを模索していく段階だと考える方がよい。

　ここでは，湯浅が考える子ども食堂の類型化を参考に整理したが，地域共生社会を構想するのであれば，ＡからＤまでのすべての局面における取り組みが重要であり，それぞれの特徴を検討しながら取り組みの価値を確認していく必要があるだろう。

（2）アウトリーチ型の社会資源開発の必要性

　地域共生社会を形成していくには，市民が地域の課題を我が事として考える

とともに，地域生活を可能にする制度とサービスや社会資源の開発も必要である。これまでも制度とサービスや種々の社会資源はあったが，近年の社会資源の特徴として必要な人に届けられること，つまり，アウトリーチ型の制度とサービスや社会資源が求められている。それというのは，制度とサービスや社会資源を未だ知らない人たちや，知ることに困難がある人たちに届くことが必要だと考えるからである。

　子ども食堂の例で考えれば，子どもは食事の提供や親しい人との関わりが必要なので，彼らにそれが届くような取り組みがなされてきたのである。そうであるなら，子ども食堂は，そのようなニーズに対して適切で的確な社会資源になっていると考えられる。それは図 8-3 で示した共生食堂の意味することや果たしている役割などによって説明できる。地域に住む人々が，子どもが抱える課題を我が事として受け止め，その解決の一つとして子ども食堂を作ってきたのである。

　子どもも行ける食堂としての子ども食堂だが，食事を必要とする地域の高齢者や仕事帰りのサラリーマンなどに対しても食事を提供できるという意味では社会資源になっているのである。子ども食堂が，ニーズのある子どもに対する解決策の一つとして設立されてきたとともに，共生食堂という観点からは，地域における社会資源の一つとしても位置付けられるのである。

　そこで忘れてはならないことは，ターゲットを限定しケースワーク機能をもちながら子どもに関わるケア付き食堂の位置付けである。食事提供により子どもがお腹を満たし，本人の成長と発達を促し，同時に，親のニーズを満たしたり課題を解決したりできる場として子ども食堂がある。地域に生じる課題を我が事として受け止め，他者の子どもであるが，子ども食堂という手段によって問題解決のためにアプローチしている。そのことがアウトリーチ型の資源の提供なのであり，同時に，このタイプの社会資源の開発の必要性を示唆しているのである。つまり，アウトリーチ型の社会資源開発が，地域共生社会を創生していく一つの考え方となり方法となると考えられる。

（3）資源開発に協力する大学

　このような位置付けにある子ども食堂に対して，京都文教大学はどのような関わりができるのだろうか，最後にそのことを考えてみる。「Reos 槙島」と「つなぐ」には京都文教大学の学生がすでに関わっていることは第3節・第4節に示した。「Reos 槙島」には，学生は学習支援を展開しており，その前後には子どもとおしゃべりしたり一緒に遊んだりする時間帯があり，子どもにとって楽しい時間である。おしゃべりのなかでは子どもの進路に関連して，学生が教員になろうとした理由を述べたり大学を選択したときの思いを伝えたりしている。子どもの年齢から比較すると大人よりも身近な存在である大学生の語りから，自分の進路選択を考えたり大人の世界を垣間見る体験になったり，子どもの社会教育からみてもよい関わりになっている。

　「つなぐ」では，保育専攻の学生が関わっており，月に1回のお誕生日会では学生が趣向を凝らしたプログラムを提供している。保育専攻の学生なので普段は幼児を対象にするのだが，課程で学んだ保育に関する知識や技術を駆使して，小学生を対象にしても楽しいひとときをつくり出すことができている。また，お誕生日会の後には子どもたちとゲームを楽しんでおり，子どもたちにとってお誕生日会はそれを楽しむのみならず，学生との交流や発達を促す時間になっている。

　このように，京都文教大学の学生は2つの子ども食堂を通して地域共生社会をすでに支えながら，子どもたちのニーズに沿った支援や関わりを開発しているということになろう。

（4）地域共生社会づくりへの一助

　本章では，子どもの貧困や子ども食堂について全国で関心が高まっていることやその現状を示し，国や自治体において対策がとられていることを示した。子ども食堂とは，地域の現状や特性に合わせて発生し展開されていくものであり，子どもの貧困対策の一環として取り組まれている。それと同時に，地域における共生社会を意識した取り組みを構想できる実践であるといえる。

　総論としてはこのようにまとめることができるのだが，京都文教大学は子ども食堂のあるこの地域でどのような交流や協働ができるのだろうかと問うてきた。すでにできていることといえば，「Reos 槇島」や「つなぐ」に対する学習支援や子どもたちとの交流などであった。

　子ども食堂はアウトリーチ型の社会資源として位置付けられ，このような社会資源が多く創設されることによって地域共生社会が徐々に形づくられるということが考えられる。そして，京都文教大学は子ども食堂に関わることによって，地域との交流や協働を果たし，地域共生社会を形成する一助を担っていると考えることができる。

第9章
地域に根ざした子育て支援活動をめざして
──ママさんサポーター活動の実践──

1　歯止めのかからない少子化とその対策──周りに子どもがいない!?

　かつて，日本のどの地域でも，子どもがたくさん産み育てられ，あらゆる場所が遊び場になっていたころ，自然と地域には，子どもを育てる豊かな力があった。ところが，今や地域のつながりが希薄になり，少子化が社会問題になっている。さらには，母子密着の育児が，必ずしも健全な親子関係を取り結べないことも，あとを絶たない子ども虐待事件や母親の鬱病の増加なども明るみに出てきた。たとえ事件や病気までエスカレートしなくとも，子育てをするなかで孤立化し，親の不安や負担が増していることは，多くの親が感じていることである。子どもたちが様々な大人や子どもと関わりをもって育つことは，非常に困難だといえるだろう。

　わが国で「子育て支援」ということがいわれるようになったのは，1989（平成元）年の出生率1.57ショックを受けた，1990年代頃からである（図9-1）。1994年にエンゼルプランが策定され，子どもを産み育てやすい環境をつくろうと，さまざまな取り組みがなされた。この「エンゼルプラン」（1995年から5か年計画），「新エンゼルプラン」（2000年間から5か年計画）ともに，子育てと仕事の両立支援を中心として，子どもを産み育てやすいようにするための環境整備に力点が置かれていた。支援の中心はおもに働く母親に向けられていた。2001年には，「仕事と子育ての両立支援策の方針について」のなかで，待機児童ゼロ作戦が始められ，保育施設の重点整備が基本方針のひとつとされている。この政府の働く母親に向けての支援という方向性は決して間違ったものではなか

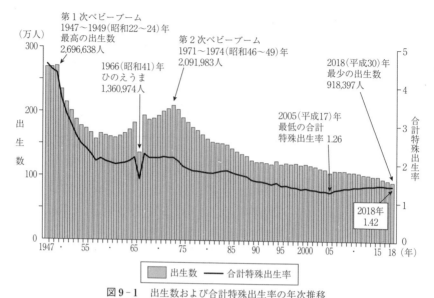

図9-1　出生数および合計特殊出生率の年次推移
（出所）厚生労働省「平成30年（2018）人口動態統計の年間推計」
（https://www.mhlw.go.jp/toukei/saikin/hw/jinkou/geppo/nengai18/index.html）。

ったが，2002年の国立社会保障・人口問題研究所による人口推計より，「夫婦の出生力そのものの低下」という現象が，当初思われていたよりも深刻で，より一層の少子化の進行が見込まれることが判明した。そのため，働く母親向けの保育中心だった従来の支援策を抜本的に改め，より幅広い分野において子育て支援策の必要性がでてきた。

　そうして，同年には「少子化の流れを変える」ためのもう一段の対策として，「少子化対策プラスワン」が報告され，「子育てと仕事の両立支援」が中心であった従前の対策に加え，①男性を含めた働き方の見直し，②地域における子育て支援，③社会保障における次世代支援，④子どもの社会性の向上や自立の促進という4つの柱に沿った対策が総合的かつ計画的に推進されることになった。

　翌2003年には「次世代育成支援対策推進法」と「少子化社会対策基本法」が成立し，法律に基づいて国が少子化対策に取り組んでいく方向性が示された。

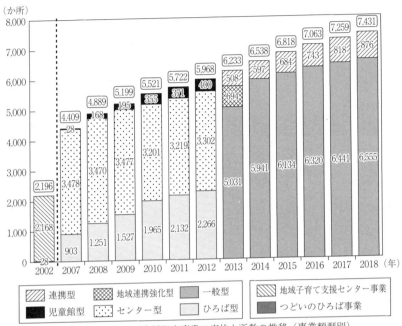

図9-2　地域子育て支援拠点事業の実施か所数の推移（事業類型別）

（注）　2002は　地域子育て支援センター事業・つどいの広場事業実施数。実施か所数は交付決定ベース（2013は国庫補助対象分）。2013・2014に類型の変更を行っている。

（出所）　「厚生労働省　2018年度地域子育て支援拠点事業実施状況」（https://www.mhlw.go.jp/content/000519569.pdf）。

この「次世代育成支援対策推進法」では，市町村と都道府県，従業員301人以上の企業等には，次世代育成支援に関する行動計画の策定が義務付けられた。

　また，子育て支援のための様々な取り組みが全国各地で展開しはじめた。たとえば，自治体が主催する子育てサロンや赤ちゃん広場，ファミリーサポートセンターがそれにあたる。このような地域子育て支援拠点事業は，出生数と反比例するかのようにその後右肩上がりに増えている（図9-2）。厚生労働省の統計によると，その設置か所については，0歳から4歳の人口千人あたり全国平均が1.5か所なのに対し，京都府は2.7か所であり，新潟県に次いで全国第2位となっている（2016年10月現在）。

　ちなみに京都文教大学構内にも，2010年に「ぶんきょうにこにこルーム」が

設置された。この施設は，宇治市の委託を受け，地元の NPO 法人が運営するという形をとっており，京都文教短期大学・京都文教大学と地域との協働による子育てひろばとして，地域の母子に受け入れられている。キャンパス内でもベビーカーを伴う母子の姿は日常の光景となって，学生たちに溶け込んでいる。

2　「ママさんサポーター」とは

　ちょうど国が，このような集合型の地域における子育て支援事業に乗り出した頃，筆者らは2003年度より「ママさんサポーター」という活動を立ち上げた。NPO 法人化はしておらず，「助け合いの子育てネット」という団体名で京都文教大学を拠点に活動している。本活動は，政府の子育て支援の網の目からこぼれ落ちる人たちを救うことを念頭においている。たとえば，雨の日や交通手段がない場合，集合型の支援では不便である。また，保育士や臨床心理士，保健師といった専門家や，子育てが一段落した先輩ママの支援は，若い母親には，自分の子育てを評価されるのではないかといった不安が常につきまとう。さらに，集団が苦手な人にとっては，グループの輪に入れないことは，ひいては支援を得られないということになる。それに加え，それまで行われていた支援策では，母親と子どもが一方的に支援される側に立ち，支援する側に立てないことも難点だと筆者は考えたからである。

　活動内容は，3歳未満の乳幼児を抱えた仕事をもっていない母親宅に，出産・育児が未経験の青年期男女がサポーターとして定期的に（週に1回，2時間）訪問し，援助するというものである。対象を3歳未満の乳幼児を抱えた仕事をもっていない母親に絞ったのは，乳幼児を抱えていると外出がしづらいということ，そして会話がまだ成立しない子どもと一日中過ごす母親の負担感を考慮してのことである。サポーターによる援助の具体的な内容は，「子どもと遊ぶ」「母親と話をする」「簡単な育児補助」「買い物の付き添い」等である（図9-3参照）。大学生は決してベビーシッターになるのではなく，母親とも積極的に関わる。つまり，学生が会話をすることで母親にリフレッシュしても

①　　　　　　　　　　　　　　　　　②

図9-3　「ママさんサポーター」活動の様子

（出所）　①京都文教大学地域協働研究教育センター「ニューズレターともいき」vol. 12，p. 5，2017年。
　　　　②京都文教大学地域協働研究教育センター「ニューズレターともいき」vol. 15，p. 10，2018年。

らうのである。それと同時に，学生は家庭において子育て場面をじかに体験し，育児に必要な知識を母親から教わる。3歳未満の乳幼児に絞っているのは，育児のなかでもだっこをしたりおむつを替えたり食事を与えたりといった，子どもが小さい月齢のうちならではの大切なスキルを学生たちに獲得してもらうためでもある。母親は密室育児のストレスから解放されることで，虐待予防にもつながるし，大学生は将来子どもをもつビジョンが明確になることで，親としての準備ができるようになる。このように，母親の現在の育児不安を軽減することと，大学生の将来的な育児不安を軽減することのふたつの目的をひとつの活動で同時にねらっていく双方向的な支援となっている。なお，母親は子どもが3歳未満である限り，年度が替わっても活動の継続が可能であるが，サポーターに関しては，少しでも多くの人に体験してほしいという思いから，継続は認めず，年度ごとに新規サポーターと総入れ替えする形をとっている。さらに，男性の将来の育児参加も視野に入れ，男性サポーターも積極的に募集しているが，男性が訪問する場合は，倫理的な面を考慮して女性とのペア派遣の形態をとっている。

　「助け合いの子育てネット」では，フォローアップの目的で，年に2回ほど活動参加者に大学に集まってもらい，ミーティングを設けている。そこでは母親側から，「サポーターさんと話すことでストレス発散になる」「遊んでくれているだけでとても助かっている」「子どもとサポーターさんとの関係もうまく

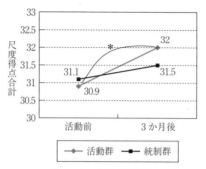

図 9-4　自尊感情尺度

(注)　活動群においては，活動前よりも 3 か月後の方が得点が有意に高くなっていた。(t(92) = -2.23,p<.05)。
(出所)　三林真弓　「新たな育児支援サービスの提案とその効果」『東京財団研究報告書』p. 40, 2005年。

いっていて，子どもも楽しそう」「サポーターさんのことをほかのお母さん方に話すと，『自分も利用したい』という声が多い」といった声が寄せられている。サポーターたちからは，「育児は決して辛いだけのものではないと実感した」「子どもが成長していく様子を近くで見られて，新鮮で感動的だった」「お母さんと話すことで，親の視点からも考えられるようになってきた」「街でも赤ちゃん連れのお母さんを見ると，大変さがわかるようになってきたし，気に留めるようになった」といった声が寄せられている。

　「ママさんサポーター」活動は，オリジナルの子育て支援策であるため，その効果を検証するため，活動者には質問紙調査やインタビュー調査に協力してもらっている。

　これまでの調査研究から，たとえば2007，2008年度の母親データから，「育児不安」において調査時期による主効果がみられた（$F_{(2,36)}$ =3.65, p<.05）。多重比較の結果，継続活動者において「育児不安」で活動開始 3 か月後と 6 か月後の間で有意な差がみられた (p<.05)。つまり，活動開始 3 か月後よりも 6 か月後のほうがより育児不安得点が低かった（39.56→35.50）。このことは，活動年数を重ねたりサポーターの相手が代わったりしても，引き続き活動の効果の意味合いを保つことを意味しているといえる（三林ほか，2010）。

　また，サポーターに向けた調査では， 3 か年の活動期間のまとめから紹介す

る（三林，2005）。図9-4は，自尊感情尺度の結果である。活動群は，活動前に比べて尺度得点が5％水準で有意に高くなっており，統制群には有意な差がみられなかったことから，活動を通してサポーターの自尊感情が高まったといえる。自分がここに居てよいのだという根源的な自信が低いことで，メンタルヘルスの問題が起こりやすいといわれている。この自尊感情（自尊心）は，自己肯定感と言い換えてもよい。子どもにとっても，母親にとっても，学生にとっても，大切なものである。「ママさんサポーター」活動から，自分を大切にしてもらえるという感情がお互いにもち合えたらどんなに素敵だろう。

3 地域に根ざした活動

　2004年に「少子化社会対策大綱」が閣議決定され，これを受けて，「子ども・子育て応援プラン」が示された。しかしながら，2005（平成17）年，合計特殊出生率は1.26と，さらに過去最低を記録した。こうした予想以上に歯止めのかからない少子化の進行に対処するため，政府はその後も策を講じているが，ここ10年ほどの対策では，待機児童の解消に向けた取り組みや働き方改革，幼児教育の無償化など，どちらかというと働く女性に向けての支援が加速化している傾向にある（図9-5）。もちろん近年女性就業率が上昇し，80％を超える見込みも出てはいる。しかしながら，これらの女性全てが，同時に家庭をもち子どもをもちたいと考えているだろうか。子育てをすることに対し，そこに価値がおかれ，希望や期待がもてるような世の中になっているだろうか。国は，就業し，家庭も子どももももち，そんななかで生き生きと働く女性の姿を応援したいと一億総活躍社会を打ち出している。しかし，女性のなかには，特に子どもが小さいうちは，働かずに専業主婦として家庭を守っている人も多いのである。彼女らは，決して働きたいのに働けないというのではなく，しっかり子育てしたいと考えているからなのである。そのような女性の生き方がどこまで尊重されているだろうか。

　そもそも政府が，ひろば型の地域子育て支援拠点事業を設置するにあたり参

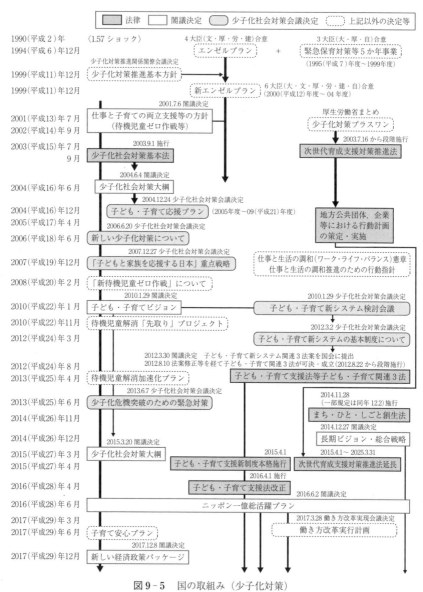

図 9 - 5　国の取組み（少子化対策）

（出所）　内閣府資料（https://www8.cao.go.jp/shoushi/shoushika/data/torikumi.html）。

図9-6　カナダのペアレントリソーシズ
（出所）　筆者撮影。

考にしたのが，カナダのペアレントリソーシズであった。筆者は2006年の京都
文教大学の在外研究員期間にカナダのトロントに在住し，このペアレントリ
ソーシズで研修をさせてもらっていた（三林，2009）。その子育てひろばは，地
元の親子に大いに活用されている場であったが，親子で遊びに来ると，親は子
どもを他の親に面倒をみてもらいながら，自分はキッチンに行って洗い物を
したり，モップで床ふきをしたりする光景をよく目にした。図9-6も専属のス
タッフではなく，親たちが子どもたちとパラバルーンをしている様子である。
その日のプログラムというのではなく，親たちが話し合って遊びを考え，皆で
協力して遊んでいた。まさにこれこそが目指すべき子育てひろばではないだろ
うか。親がひろばにコミットし，受け身でなく利用している姿は，親子の居場
所を地域に獲得しているようで，とてもたくましかった。日本でも，いつかこ
のような姿がみられることを期待している。
　また，大学での「ママさんサポーター」活動は，最初は念頭においていなか
ったものの，その後，異世代交流がなされている活動だということに気づかさ
れた。異世代だからこそ，普段交わる機会がないままになってしまっており，

若者世代　　　　　　　親世代

子世代
図9-7　循環型の子育て支援策

アウトリーチで関わる母体が改めて必要だということがわかった。先述したよ
うにサポーター活動は1年間に限っているが，関係のついた学生と家庭は，そ
の後も「ママさんサポーター」活動の枠から外れて関係を続けているところが
ある。たとえば，1年次生でサポーターとして活動した学生が，院生になって
も週に1回程度その家庭を訪問していたり，活動後もお母さんと仲良くしてい
て，自宅に呼ばれてご飯を食べたり，子どもと遊んだり，卒業を機に故郷へU
ターン就職した学生が京都に遊びに来るときには，活動先のおうちに泊まらせ
てもらったりしている。良いご縁をもらったと感謝されるが，それはきっと活
動者の学生や母親に，世代を超えて，また「ママさんサポーター」を超えて，
人間同士のつながりができたからであろう。

　先述した子育てひろばの望ましい姿と同様，支援を受ける側が一方的に受け
る立場に甘んじるのではなく，主体的にコミットすることが，居場所を確固た
るものにするのであろう。図9-7にあるように，サポーターとして家庭に訪
問していた若者世代が親世代になり，今度は母親として「ママさんサポー
ター」活動に参加してもらうことはすでに実現している。さらには，サポー
ターに遊んでもらっていた乳幼児たち（子世代）が，いつか本学の大学生にな
って，今度はサポーターとしてよそのお宅の子どもたちと関わることができた
ら，そのときこそ「ママさんサポーター」活動は，子育ての知識や工夫が伝承

され，地域に根付いた循環型の子育て支援になったといえるだろう。

　筆者だけが立ち上げから継続して携わっているが，サポーター経験のある学生のうち裏方スタッフとしてサポーターを支える活動をしてくれる学生たちに恵まれたからこそ，続けることができた。このようなスタッフの学生たちがいてくれたおかげで，毎年新規のサポーターや希望の家庭を受け入れて活動することができた。彼らに改めて感謝したい。

　女性就業率が80％を超えると予測されるこの時勢で，専業主婦を対象とした「ママさんサポーター」を果たして今後も継続する必要があるのかどうか，時折立ち止まって考えることがある。地域性やその地域のニーズは，時代とともに移り変わる可能性も秘めているから，常に柔軟に生の声を聞いていく必要があるだろう。一方で，支援を継続することの大切さも常に痛感している。ニーズがなくなり廃れるのは仕方のないことであるが，資金的に運営がまかなえなくなったり，あるいは運営者がいなくなったりして，せっかく求められている子育て支援が提供できなくなることがないようにしたい。地味な活動であるが，地域と大学をつなぐ活動として，今後も可能な限り継続していきたいと考えている。

第Ⅳ部

特別なケアの必要な人が求める地域づくり

第10章
少子高齢化社会のなかのケアラー

　現在，家庭における無償のケアの担い手（ケアラー）は少子高齢化と格家族化のなかで多様化している。「お嫁さんが姑や舅の世話をする」「障がいのある子どものケアは主にお母さんがする」といった日本の伝統的な家族介護は依然として見られるものの，現在は子どもから高齢者までが家族ケアの担い手となる可能性がある。

　本章では，家族ケアの担い手の多様化に関連する事柄として，障がい者の高齢化により生じている問題をはじめにとりあげる。次に，障がい児・者の家族研究のなかから，きょうだい研究を取り上げ，さらに，家族ケアの担い手となっている「ヤングケアラー」の問題を考える。

1　高齢障がい者数

　少子高齢化社会の到来に伴い，日本の障がい者の福祉では，かつて経験したことがないような様々な問題が生じるようになっている。そのひとつが認知症高齢者の増加と共に，高齢障がい者も増加しており，障がい者の福祉にとっても高齢者ケアの問題は避けては通れないことが挙げられる。

　2018（平成30）年の障害者白書によると，日本の障がい者数は，身体障がい児・者数は436万人，知的障がい児・者数は108万2000人，精神障がい者数は392万4000人になっている。高齢化に関しては，2016（平成28）年時点で65歳以上の在宅身体障がい者は72.6％（図10-1），在宅知的障がい者は15.5％（図10-2）である。また，2014（平成26）年時点の65歳以上の精神障がい者は36.7％

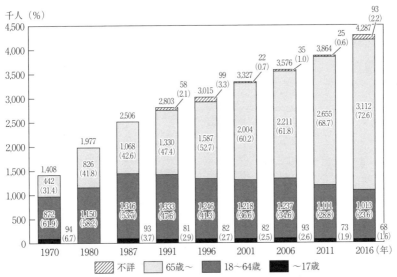

千人（％）

図10-1　身体障がい児・者の年齢階層別内訳の推移

（出所）　内閣府「平成30年障害者白書」2018年。

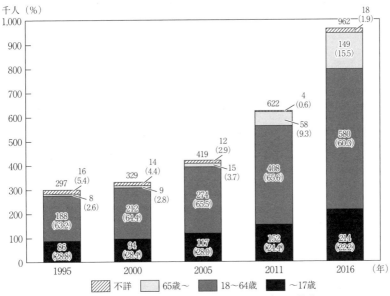

千人（％）

図10-2　知的障がい児・者の年齢階層別内訳の推移

（出所）　図10-1と同じ。

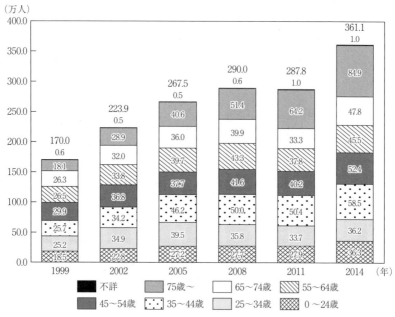

（万人）

図10-3　精神障がい者・外来の年齢階層別障がい者数の推移
（出所）　図10-1と同じ。

（図10-3）で，一見すると身体障がい者の高齢化がとりわけ顕著である。

　以上の数字や，27.7％と過去最高とされる2019年の日本の高齢者人口の割合
（総務省統計局，2019年）を比較すると，身体障がい者は7割以上，精神障が
い者は4割以上が高齢者であり，なかでも身体障がい者が際立って高くなってい
る。また，身体障がい，知的障がい共に，高齢化が進んでいるものの，知的障
がい者のなかに高齢者が占める割合は2割に満たず，際立って低くなっている。
これはなぜなのだろうか。

　障がい者数の把握において障害者手帳所持者数は重要であるが，身体障害者
手帳制度は1949年の身体障害者福祉法に規定された制度である。それに対して，
知的障がい者を対象とした療育手帳制度は，1973年の厚生省の事務次官通知
「療育手帳制度について」（厚生省発児第156号厚生事務次官通知）に基づいて創設
されたものである。両者の創設時期には20年以上の隔たりが存在する。さらに

表10-1　障害者手帳所持者数等，性・障がい種別等別

① （65歳未満）

(千人)

性	総数	障害者手帳所持者	障害者手帳の種類（複数回答可）			手帳非所持でかつ自立支援給付等を受けている者
			身体障害者手帳	療育手帳	精神障害者保健福祉手帳	
総数	2,382 (100.0%)	2,237 (100.0%)	1,082 (100.0%)	795 (100.0%)	594 (100.0%)	145 (100.0%)
男性	1,359 (57.1%)	1,280 (57.2%)	593 (54.8%)	497 (62.5%)	307 (51.7%)	79 (54.5%)
女性	1,014 (42.6%)	950 (42.5%)	486 (44.9%)	295 (37.1%)	282 (47.5%)	64 (44.1%)
不詳	9 (0.4%)	8 (0.4%)	3 (0.3%)	3 (0.3%)	5 (0.8%)	1 (0.7%)

② （65歳以上及び年齢不詳）

性	総数	障害者手帳所持者	障害者手帳の種類（複数回答可）			手帳非所持でかつ自立支援給付等を受けている者
			身体障害者手帳	療育手帳	精神障害者保健福祉手帳	
総数	3,550 (100.0%)	3,358 (100.0%)	3,205 (100.0%)	168 (100.0%)	247 (100.0%)	193 (100.0%)
男性	1,756 (49.5%)	1,691 (50.4%)	1,627 (50.8%)	89 (53.0%)	106 (42.9%)	64 (33.2%)
女性	1,772 (49.9%)	1,645 (49.0%)	1,565 (48.8%)	73 (43.5%)	130 (52.6%)	127 (65.8%)
不詳	23 (0.6%)	21 (0.6%)	13 (0.4%)	5 (3.0%)	11 (4.5%)	1 (0.5%)

（注）　四捨五入で人数を出しているため，合計が一致しない場合がある。
（資料）　厚生労働省「生活のしづらさなどに関する調査」（平成28年）。
（出所）　図10-1と同じ。

　20年以上が経過してから，精神障害者保健福祉手帳が改正された精神保健及び精神障害者福祉に関する法律（精神保健福祉法）の下で1995年に創設されている。

　現在，65歳以上の人は1953年以前に生まれた人であるが，それ以前に手帳制度が創設されていた身体障がいと，それから20～40年以上を経て手帳制度が創設された他の障がいの手帳所持率には，表10-1のとおり相違が生じている。

　特に知的障がいは他の障がいとは異なり，発達期の障がいである。そのため，それ以降にも生じる身体障がい等とは異なり，人口の高齢化の影響を受けない

143

と指摘されている。しかし，療育手帳発足当時には，すでに成人期に達して在宅生活を送っていたり一般就労したりしていて，手帳制度を申請しなかった高齢の知的障がい者も地域社会には存在すると思われる。また，近年の療育手帳取得数の増加には発達障がいにより取得されたものが多いことから，高齢の手帳非所持の発達障がい者も地域社会には存在すると思われる。さらに，精神障害者保健福祉手帳制度については制度発足から20年あまりしか経っていないことや，他の手帳制度に比べてメリットが少ないことから，制度普及率が低く，手帳を所持しない精神障がい者はかなり存在すると思われる。加えて，精神障がい者数は，患者調査（厚生労働省）により把握されているために，未治療の高齢の精神障がい者も地域社会には存在すると考えられる。

　すでに高齢期を迎えている，あるいは今後高齢期を迎える障がい者のなかには，手帳非所持の知的障がい者や発達障がい者，未治療の精神障がい者など，把握できていない層も含まれていると思われる（吉村，2017）。したがって，障がい者の高齢化は，表面に現れている数字よりも進んでいる可能性がある。

2　「老障介護」と「障老介護」，「老老介護」と「認認介護」

　障がい者の高齢化に伴い，日本の障がい者の福祉は，高齢障がい者とその家族へのケアという新たな課題に直面している（吉村，2017；杉原ほか，2018）。

　そのひとつとして，「65歳問題」や「65歳の壁」という言葉で指摘される問題が挙げられる。

　「65歳問題」「65歳の壁」とは，障がい者が障害者総合支援法の下で受けてきたサービスから，65歳を境にして介護保険制度のサービスに移行することに伴い，それまで受けてきた馴染みのサービスが受けられなくなったり，サービスの質が低下したりする問題である（杉原ほか，2018）。これは高齢障がい者に対する公的なサービスの質の継続性の保障に関わる問題である。

　また，以上の問題と関連してくるのが，家族ケアの問題である。公的なサービスが保障されない場合，家族のケアの負担の増大に直結するからである。

　かつて障がい児・者の家庭内のケアの担い手といえば，その親，特に母親であり，援助専門職の家族支援の対象は，主に母親であった。実際，障がい児を抱えている母親へのサポートや，成人中期や壮年期の障がい者を抱えている高齢の母親へのサポートが，実践現場での大きな課題であった。

　日本における障がい児・者の家族への関心は，児童福祉や教育現場では親子関係，特に母子関係に注意が向けられ，障がい福祉の分野では成人中期や壮年期の本人と高齢の親（母親）の関係，特に「親亡き後」の問題に注意が向けられることが多かった。

　障がい福祉の現場では，家庭内のケアを担っている高齢の親が「親亡き後」に不安を覚えて「（障がいのある）子どもよりも一日でも長く生きていたい」と訴える場面は，現在においてもしばしばみられる。とりわけ，精神保健福祉法の時代まで続いた保護義務者制度や保護者制度の下で，家族に様々な義務が課されてきた精神障がいの分野では，「親亡き後」の問題は親にとってはきわめて深刻である。そのため「親亡き後」に，残された精神障がい者の身辺ケアや財産管理をどうしていくのかが，精神障がい者の家族会での大きなテーマとなっていた。なお，精神障がい者に治療を受けさせる義務等を課してきた保護者制度は，家族の高齢化等に伴い，負担が大きくなっている等の理由から，2014年度にその規定が法律から削除された。

　しかし，それにより「親亡き後」の不安が解消されたわけではない。「家族（親）が障がい者の面倒をみるべきである」という障がいに対する社会の固定概念は，精神障がいの保護者制度という社会制度ばかりではなく，高齢の親自身にも取り込まれている場合が多いからだ。加えて少子高齢化社会では，高齢障がい者とさらに高齢のその親が同居せざるを得ない状況が生じている。

　「きょうされん」が，その加盟事業所の障がい者1万4745人に対して2015年7月～2016年2月に実施して2016年5月に公表した，「障害のある人の地域生活実態調査の結果報告」によれば，生活保護世帯は11.4％，相対的貧困線の年収122万円以下の障がい者は81.6％，親族や親との同居生活の割合は54.5％である。国民一般の生活保護率の6倍，相対的貧困線以下の障がい者は8割，40

代前半までの親との同居は50％を超えており，50代前半でも 3 人に 1 人以上が親との同居となっている「親依存」状態である（きょうされん，2016）。

　現在の一般的なライフコースでは，子どもは成人期を過ぎると，仕事や結婚により，いずれ親元から独立して核家族を形成する。それに対して低所得の人が多い未婚の障がい者は，経済的な理由から中高年になっても親と同居せざるを得ない，また，親の側も，同居できる子どもは障がい者しかいないという現実がある。その背景にはグループホームなど，住まいに関する社会資源が不足していることや，それらの社会資源の利用による経済的な負担を恐れて，同居せざるを得ないという状況がある。このように，長年にわたって家庭内ケアの担い手であった高齢の親は，他人に中高年の子どものケアを委ねることができないと思うに至ったそれなりの事情がある。そして以上の層の子も親も，ともに高齢化していくのである。

　現在，高齢期を迎えている精神障がい者は，日本の障がい者の福祉においてノーマライゼーションやインクルージョンといった理念や，1981年の国際障害者年を境にして，自立生活運動といった実践が導入される以前に成人期を迎えた障がい者である。日本独自の自立生活の運動も，1970年代に脳性麻痺などの身体障がい者の一部には存在したが，社会資源が現在に比べて乏しかった当時においては，ほぼ命がけの試みであり，命がけで親元を離れる決意が必要だと思われる。

　多くの親たちは「入院・入所か」「在宅の家族ケアか」という究極の選択の結果として，家庭内でのケアの担い手にならざるを得なかったことを考慮するべきである。このような状況に対して，親子密着状態や相互依存状態だと批判をすることは簡単ではあるが，そうしたところで解決にはならない。

　また，障がい者の身辺ケアは家族が担うべきものであるといった社会の側の固定概念に親の意識が取り込まれてしまうことがあるように，親の意識が障がいのある子どもにも浸透していることがある。社会的支援が乏しい状況で，かつ他からの情報が遮断されてしまった状況のなかで家庭内のケアが行われた場合，「障がいのある子どもの身辺ケアは親（家族）がするしかない」という親

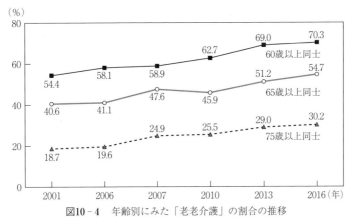

図10－4　年齢別にみた「老老介護」の割合の推移

（注）　2016年の数値は，熊本県を除いたものである。
（出所）　厚生労働省「平成28年国民生活基礎調査」より「要介護者等と同居の主な介護者の年齢組合せ別の割合の年次推移」。

の考えは，子どもである障がい者の家族ケア観に影響を及ぼす唯一のモデルになってしまう。したがって，親にケアが必要な状況が生じると，そのモデルに基づいて自身もケアの担い手となろうとする。家庭における高齢者ケアの無償の担い手たちの高齢化は以前から指摘されてきたが，現在はケアラー自身の年齢や障がいの有無を問わない事態も生じるようになってきている。

　たとえば，65歳以上の高齢者を，同じく65歳以上の高齢者が介護している状態を指す「老老介護」という言葉がある。

　厚生労働省の2016（平成28）年の国民生活基礎調査では，図10－4のとおり在宅介護世帯の70.3％が「老老介護」の状態である。「老老介護」はすでに在宅の家族介護の7割以上を占めていて，どこでもみられるありふれた光景になっている。

　「老老介護」には「高齢の配偶者を介護する」状態や，「65歳以上の子どもが，さらに高齢の親を介護する」状態等がある。また，「老老介護」のなかでも，認知症高齢者を同じく認知症高齢者が介護している状態は「認認介護」と呼ばれ，事故が起こりやすい危険な状態とされている。

　「老々介護」に比べて「認認介護」の実態は未把握な状態であるが，山口県

147

で実施された過去の調査では,「老老介護」を行っている世帯の約10.4％が「認認介護」であると推測されている（岩本ほか, 2010）。これらの結果に基づけば, 高齢の家族に在宅介護が必要な状態が生じた場合, その7割以上の世帯が「老老介護」の状態になり, かつその1割程度は「認認介護」の状態となる。

　このように, 高齢者ケアの無償の担い手は, 障がいの有無を問わず高齢化している状態にある。同居家族の場合, 高齢の要介護者のケアラーは, 要介護者と親子関係がある人や, その配偶者, なかでも女性である娘や嫁が主体で, 壮年期の人がかつては多かった。しかし, 一人暮らしの高齢者や高齢者世帯, 子世代の親との別居や共稼ぎが増加するなかで, そのケアラーも, 同居している高齢の夫や妻, 別居している娘や息子や孫, その配偶者やパートナーなどへと広がりをみせている。また, 働きざかりや子育て期の子世代が, 離れて暮らす高齢の親の介護を担う「遠距離介護」といった状況や, それまでほとんど交流がなかった親族が, 突然一人暮らしの高齢の要介護者のケアラーになるといった状況も生じている。

　このように, 高齢期の家族ケアの担い手は, 同居の場合は, 障がいの有無を問わず高齢化している。それに対して別居の場合は, 性別や年齢の有無を問わない状態となっている。加えて, 40代から発症する若年性認知症では, 壮年期だけではなく, 10代から20代でケアラーになる事例もあり（青木, 2017）, なかには, 孫がケアラーの役割を担う事例も生じている。

　このように, ケアラーの年代も多様化しており, 高齢期の要介護者の3世代の家族親族のうち, 誰もがケアラーになる可能性があるのだ。

3　障がい児のきょうだいへの関心

　高齢者福祉や障がい者福祉における家族ケアの問題を前節では述べたが, それ以外の分野, たとえば障がい児の家族ケアの問題はどのように捉えられているのだろうか。

　障がい児の家族研究については, 親子関係, 特に母子関係の心理に対する関

心が医療，福祉分野では従来から強くみられる。しかし，親子関係や母子関係に関する研究に比して，その他の家族との関係，たとえば，障がいをもつ子どもの兄弟姉妹（きょうだい）の存在に関心が向けられることや，きょうだいへの支援の必要性や，特にきょうだいが行っているケアに焦点が当てられることは少ない。不登校，虐待などの問題に対しては家族システム全体に対する家族療法的な視点からの取り組みが存在しており，そこではきょうだいも家族システムの一員と捉えられている。しかし，多くの場合は心理学的な側面からの実践であり，ケアの担い手としてきょうだいを捉えた実践や研究は多くはない。

そのなかで，発達障害者支援法が施行された2005年を境として，発達障がい等，配慮を要する子どもへの支援が，医療，福祉分野のみならず教育分野において大きく取り上げられるようになってきた。従来，発達障がい等，配慮を要する子どもの家族への支援についても，その対象は両親，とりわけ母親への支援であることが暗黙の前提となっていた。しかし，教育現場では同じ学校に通う配慮を要する子どもの兄弟姉妹（きょうだい）は無視できない存在であり，特に発達障害者支援法の施行前後から，教育分野では発達障がい児のきょうだい研究が次第にみられるようになっている。

目に見えない障がいは周囲からの理解が得られにくいが，発達障がいは，診断の確定までに時間を要する場合も多く，かつ年齢により状態が変化するのに伴い，診断も変化することがある（吉村，2013）。そのため，発達障害者支援センターに相談に訪れる青年期や成人期の発達障がい者が初めて診断を受けた時期は，思春期・青年期，成人期に及んでいるという（近藤，2011）。

また，診断が遅れたり定まらなかったりした場合，家族にとっては「気になる子ども」状態ではあるが，周囲に理解を求めようにも親自身にも明確な説明ができないという困難な事態が生じる。それゆえに，他の障がいに比べて，親がきょうだいに障がいを説明することが難しく，家庭内における家族の障がい理解についての悩みや葛藤が大きいと思われる。

そのこともあってか，発達障がい児のきょうだい研究において中心となっているテーマは心理的葛藤であり，きょうだいと同胞とその両親，学童期の友人

等との間に生じる心理的葛藤と，その発達的変化の分析を目的とした質的研究が多くみられる。

　たとえば，澤田と松宮（2009）は，きょうだいは，同胞と周囲の子どもたちとの違いに早い段階から気付いていること，学童期から思春期にかけては社会における同胞の位置付けを意識し始めて，同胞へのいじめを目撃するつらさとともに，同胞の存在を友人に開示することへの抵抗を感じること，将来の自分の結婚や出産に悩んでいることを報告している。しかし，20代半ばになると，自分なりの対応法を見出して落ち着くことが多いという（澤田・松宮，2009）。

　また，同胞へのケアや両親に対するサポーターとしての役割に対する両親からの期待といった要因が，きょうだいの家庭内の葛藤に関連していることを指摘する研究もある。

　たとえば，柳澤（2007）は，きょうだいは両親と同じくらい発達障がいの同胞と接する機会や時間をもち，「親亡き後」に障がいのある同胞と関わる可能性が高い存在であるとする。しかしきょうだいは，両親を助けて同胞のケアを担ってきたのにもかかわらず，同胞に比べて両親から愛情や注意を向けられていないと感じているとの指摘が多くある（新村・室田，2007；三原，1996；1997）。

　それに対して他方では，きょうだいは必ずしも葛藤を抱えていないとの指摘もある。たとえば，健常のきょうだいと，障がいのある同胞の抑うつと不安には差異はなく，先行研究で言われているような心理的不適応はないとの指摘や，女子のきょうだいの場合は，家事手伝いや同胞の世話を期待され，家庭内での自分の役割を確認することで心理的に安定するという指摘もある（柴崎・羽山・山上，2006）。

　このように，きょうだい研究の分析結果は必ずしも一致していないが，きょうだいの負担やストレスは状況により様々であると推測されるので，相違が生じるのは当然だと思われる。また，それらに影響を与える事柄としては，問題行動の有無，きょうだいと同胞の年齢，関わりの程度などがあり，それらの状況によって，きょうだいが抱えている負担やストレスも異なることが推測される（田倉・辻井，2007）。また，発達障がいの診断が確定するまでの期間の不安

や葛藤を両親と同じように経験した年長のきょうだいと，診断が確定してから生まれて，同胞の障がいを理解するように育てられた年少のきょうだいとの間には，同じきょうだいであっても相違が生じると思われる。

　さらに，両親の負担やストレスにも目を向ければ，両親も，障害をもつ子とそのきょうだいを同時に育てる難しさを感じており，きょうだい自身の性格や行動をみて不安を抱えていると指摘される（田倉・辻井，2007）。

　学童期までのきょうだいに対して母親が抱える悩みにはきょうだい自身の「情緒や行動の変化」「きょうだいへの情報提供のあり方」「障がいをもつ子どもときょうだいの関係」「家族の活動の制限」の4つに大別されるとの指摘もある（北村・上田・鈴木，2000）。

　以上の研究では，きょうだいが家庭内で担っている同胞に対するケアラーとしての役割に必ずしも焦点が当たっているわけではない。しかし，近年の子ども食堂やキッズキッチン等の実践では，同胞の面倒をみると同時に，忙しい親に代わって家事をこなしている子どもたちの存在が報告されている。貧困やひとり親家庭の子どもたちにとって，同胞の障がいの有無にかかわらず，ケアの負担を軽減すると同時に，家事や育児の能力が発揮でき，かつ自分の能力を評価される場として，子ども食堂やキッズキッチンが果たしている役割は大きいと思われる。また，児童期にケアラーとしての役割や責任を担っていることに対して周囲から承認や評価を受けることは，きょうだいの孤立を防ぐことにもなる。周囲の大人との間に信頼関係が築けなければ，家庭に支援を導入することは困難だからだ。

　従来，家事援助や介護負担の軽減を図ることを目的とした支援の対象は，母親であり，家族ケアを担う子どもに向けられたものではない。子どもは本来，大人にケアされるべき対象であり，子どもが家族ケアを担うことがあったとしても，それは他の大人の家族が行っているケアに対して「良い子」「えらい子」のお手伝いとしての，補足的なものであるとみなされやすい。そして，子どもに対する固定概念により，大人のような役割と責任を担っている子どものケアラーが存在するという発想自体がなされてこなかった。

　そのなかで，発達障がい児のきょうだい研究は，親子関係だけではなく，きょうだいと同胞の関係や，家族や学校のなかで生じる様々なきょうだいの葛藤に焦点を当てて，きょうだいも支援の対象であるという観点をもたらした。しかしながら，以上の観点にしても，家事援助や介護負担の軽減といったケアの観点から子どもを支えようというものではなく，主に心理的な側面のサポートが重視されている。ケアに対する直接的な支援と同様に，心理的な側面からの支援も重要ではあるが，ケアラーの役割を担っている児童期の子どもに対しては一定の配慮を要する。ケアを担う子どもの親子関係における心理的な葛藤のみに焦点を当てて関わることは，親や同胞により心に傷を負った「可哀そうな子ども」「犠牲者」であるとの観点から介入されていると子どもに感じさせることがある。ケアを担う子どもは，「家族を悪者にしている／家族が悪者にされている」との思いを自分自身や周囲に感じてしまい，心を閉ざして，それ以降の援助要請行動をとらなくなる場合があるからだ。子どもであるケアラーたちは，家族の苦労や努力を身近に見ているため，家族をケアする子どもは犠牲者であるという一方的なニュアンスが感じられる見解と，それに基づいた介入に賛同しづらい場合がある。

　さらに，ケアを担う子どもたちは，大人と同じく，家族のケアに対して責任ある役割を自覚的に担っている場合もある。それらの子どもに対して，家族の犠牲者であるかのような介入態度は，支援者とケアを担う子どもとの間に違和感や，不協和音を生じさせたりする。その場合，周囲がケアを提供することができない状況のなかで，彼らが担ってきたケアには価値があることや，障がいをもつ家族がケアを受けながら地域生活を送るチャレンジをしてきたことは意味のあることだという敬意ある態度を，子どもであるケアラーと，その家族に払うべきだと思われる。以上，子どもであるケアラーやケアを担う子どもという言葉を用いて，家族介護を担う子どもたちのことに言及したが，近年は家族支援の対象として「ヤングケアラー」というカテゴリーが登場している。

4　ヤングケアラーへの関心

　「ヤングケアラー」とは，家族の介護を担う子どものことを意味しており，「疾病・障がいを抱える親，きょうだい，祖父母など，サポートを必要とする家族のケアを担う児童」（CARERS UK4：イギリス介護者協会）と定義される。また，ヤングケアラー研究の第一人者といわれるベッカーは，ソーシャルワーク百科事典に「家族メンバーの介護や援助，サポートを行っている，あるいは行うことを意図している18歳未満の児童および若年者」と定義している（Becker, 2000）。

　ヤングケアラーのケアの対象は，「多くの場合は親だが，兄弟姉妹や祖父母，あるいは他の親族の場合もあり」「介護，支援，管理のニーズをもつ障がい，慢性疾患，精神衛生上の問題を抱えている」。そして，ヤングケアラーは，「定期的で重要な，あるいは相当なケア作業を担い，通常は成人が果たす程度の責任を負っている」（Becker, 2000）と指摘されている。

　イギリスでは1960年代から民間の介護者団体が女性介護等の家庭介護の問題をメディアに訴えたり，政策への提言を行ったりしてきた。以上の介護者運動のなかで，ヤングケアラーは家庭介護から「見過ごされた存在」の再発見として，また，新たな児童福祉問題の課題として，1980年代頃から着目されるようになった（柴崎, 2006）。

　家庭介護の実態調査のなかでケアラーたちがケアを担ってきた年齢を逆算すると，児童期からになるところから，子どもであるケアラーたちの存在が確認されるようになり，当初はメディアによって主に取り上げられて関心を集めた。次いで1990年代からは，イギリスのラフバラ大学の「介護を担う子ども研究グループ（The Young Carers Research Group：YCG）」や「イギリス介護者協会（Carers UK）」の取り組みや調査により関心が広まっていった（三富, 2010）。また，同様の調査は，アメリカやオーストラリアをはじめとして，ドイツ，スェーデン，フランス等でも行われ，以上の国においても家族ケアの担い手であ

るヤングケアラーの存在が確認され，先陣をきったイギリスに続いて，支援の
対象として認知されるようになっている。

　ラフバラ大学の YCG のイギリス児童介護者調査報告書によれば，「10歳未
満の児童が 3 割近い（平均12歳）」「半数以上（56%）の児童がひとり親家庭」
「要介護者の半数以上は子の母親であり，次いできょうだい，父親が多い」
「一人親家庭の場合は母親をケアする割合が非常に高い（70%）」「父親や祖父
母に対しては被介護者である割合が低い」との結果が出ている（柴咲，2006）。
当初は子どもの権利保障としての側面から着目されたヤングケアラーだが，上
記の調査結果からは，障がいや疾病のある親のケアを年少時から担い続ける要
支援家庭の子どもの姿が浮かび上がってくる。それゆえ，ヤングケアラーの問
題では，コミュニティ・ケアにおける障がい者とその家族への支援という観点
が加わることになった（Olsen & Clarke, 2003）。

　イギリスにおいては「国民保健サービスとコミュニティ・ケア法」（NHS &
CC 法：National Health Service and Community Care Act）が1990年に制定され，
1995 年には「介護者法」（ケアラー法：Carers〔Recegnition and Services〕Act
1995）が制定されて，要介護者に加えて介護者にもアセスメントを受ける機会
を保障する規定が設けられた。それにより，ケアラーにはアセスメント請求権
と一時休養（レスパイト）権が権利として認められるようになり，NHS & CC
法の下でアセスメントに基づいたサービスの提供を受けることになった。しか
し，コミュニティ・ケアを理念として掲げ，ケアの社会化を推進しているとさ
れているイギリスにおいても，インフォーマル・ケアである家族介護が大きな
役割を果たしているのが現状である（柴崎，2006）。

　ヤングケアラーの数については，イギリスでは当初は約 5 万人と推計され，
2001年国勢調査では13万9000人，2011年の国勢調査では16万6363人と推計され
た。それに対して2010年のメディアの調査（BBC）では約70万人と推計されて
いる。調査により数値に差異が生じているのは，ヤングケアラーの定義の曖昧
さや，ケアを提供されている本人の状態までを把握することが難しく，単なる
「お手伝い」なのか，大人のような責任と役割を担っているのかが把握しづら

いためだと考えられる。

　日本においても，2000年前後からヤングケアラーという新たな支援のカテゴリーが三富（1997；2000；2008；2010）らによって紹介されるとともに，子どもがケアの担い手になっている／ならざるを得ないことに対する問題点が指摘されるようになる。次いで，2000年代の中盤から，難病（土屋，2006）や精神障がい（森田，2010；2013）の親のケアを担う子どもたちや，後述する聴覚障がいの親のケアを担う子どもたちに関する事例検討やインタビュー等の質的分析が行われるようになった。

　また，関係者へのヤングケアラーの認知に関する調査も実施されるようになり，当初は医療ソーシャルワーカーへのヤングケアラーの認知度に対するアンケート調査（澁谷，2014）が行われた。また2015年には，日本初の定量的なヤングケアラー調査といわれる，北山ら（2015）が関西の公立中学校に勤務する担任教師495名を対象に行った調査や，日本ケアラー連盟が新潟県南魚沼市の全公立小中・総合支援学校の学校の全教職員を対象に行った調査結果が公表された（日本ケアラー連盟ヤングケアラープロジェクト，2015；堀越，2016）。

　このうち，日本ケアラー連盟が行った調査では，無記名式自記式アンケートで446人中271人の回答結果（回答率60.8%）から，「家族のケアをしているのではないかと感じた子どもがいた：自分のクラス35人，その他38人」「今年度，自分の担任するクラスにいる：12人」で，特徴としては「小学校は高学年，女子が多い」「母親ときょうだいが際立って多い」「ひとり親の家庭の割合が高い」「ケアの内容は家事ときょうだいの世話が多い」という結果であり，イギリスの調査結果と比較すると，年齢や家族の状況，ケア内容等は類似している。

　しかし，日本での調査は始まったばかりであり，イギリスと同様に，いわゆる「子どものお手伝い」との違いが不明であったり，親の障がい以外の背景が必ずしも把握されていなかったりする。また，調査は障がいに関わるケアが中心で，認知症等の高齢者ケアに関わるヤングケアラー調査は不足している。

　ヤングケアラーが担っている役割としては，イギリスにおいても介護（care），援助（assistance），支援（support），家事援助，身辺的介助，要援護者

のメンタルサポート，服薬管理や金銭管理，年金や保険の受け渡し，通訳等とされており，日本の研究でも三富（2008）や，北山ら（2016）により，ほぼ同様の指摘がされている。

　このうち，「通訳」という役割についてだが，これは元来は聴覚障がいがあり「聞こえない親」をもつ「聞こえる」子どもたちの役割として着目されたものである。「聞こえない親をもつ聞こえる子どもたち」は「Children of Deaf Adults」の頭文字をとって「コーダ」と呼ばれる。

5　子どもと障がいへの固定概念のなかで──コーダの研究

　「聞こえない親をもつ聞こえる子どもたち」＝「コーダ」の研究では，社会と障がい者（親）と「聴覚障がいのある親のケアを担う子ども（ヤングケアラー）」との間に生じる感覚のずれや違和感を扱う，社会学的視点をもつ調査研究が見られるようになっている。

　たとえば，渋谷（2007a）はコーダに対する先行研究とインタビュー調査に基づいた質的研究をとおして，以下のようなことを指摘している。

　コーダは，手話に限らず，身振りや表情等の非言語的表出や音声を，言葉や時に筆談などに置き換えて，聞こえない親と聞こえる周囲との橋渡しを行う「通訳」の役割を担う。しかし，聴覚障がいに関しては介護や家事援助は必要ではないために周囲からは「ケアの担い手」として認識されにくい。また，「通訳」は単なる言葉の置き換えだけではなく，情報の確認や判断，相手に対する印象操作などが含まれる行為であり，「責任」（Preston, 1994）を伴う行為である。そのため，「子どもであること」と「ケアや通訳をすること」は時に不協和を起こすが，その体験には社会の障がい観が関わっていると渋谷は指摘している（渋谷，2009）。

　以上の観点は，子どもや障がいに対する周囲の固定観念がヤングケアラーの感覚とずれていることや，そこに生じる不協和音を分析する視点として示唆に富んでいる。

　「通訳」をめぐる様々な現象は，コーダだけではなく，言語的表出に困難を抱える人，たとえば構音障害や，失語症，そして，認知障がいがみられる知的障がいや発達障がい，精神障がいのケアラーたちがたびたび体験している現象でもある。障がい者の社会生活を援助する際には，ケアラーたちには様々な関係機関や関係者とのやり取りが必要となる。その際，ケアラーたちは自分や周囲の思惑を意識しつつ，障がい者には「本当はこういうことが言いたいんだよね」ということを，関係者には「本人が表現したいことをどう伝えたらいいのか」ということを，ケア対象とその交渉相手から得た情報から判断，確認しつつ，全員の承認を得た形でできるだけスムーズに遂行する必要がある。また，そうしないとサービス提供に結びつけられない場合がある。以上は，ケアを担う自分自身の言動を含めて自己統制や印象操作をしないと成り立たない行為でもある。

　上記の作業は子どもにとっては骨の折れるやりとりで，いわゆる気疲れをもたらすが，周囲は「可哀そう」「えらい」といった「傷ついた親鳥に育てられる傷ついた雛」(Preston, 1994) に対するようなステレオタイプな見方で子どもを評価しがちである。ヤングケアラーは子どもであり，自身には障がいがなくても，社会が親の障がいをどのようにみているのかを周囲の自分に対する言動から感覚的に把握しており，社会の固定観念に取り込まれてしまって期待に応える「良い子」「えらい子」として振る舞ったり，反発したり，自分との感覚のずれに悩まされたりすることとなる。加えて，障がいのある親も障がいのない子どもは周囲のことを何でも分かるだろうとの思い込みをもつ場合がある。コーダの研究からも，聞こえない親の視界に入ってから泣き出す乳児の例のように，子どもは早期から聴覚障がいの親の特性に合わせた対応を学習していることが報告されている (渋谷, 2004)。

　しかし，障がい文化の特性を体験的に身に付けてはいても，子どもは周囲の大人の文化をすべて理解できるわけではない。外国語が話せる児童であっても，大人が知っている難しい用語を理解したうえでの「通訳」は難しいからだ。

　ヤングケアラーが親の特性を体験的に熟知しているからといって，社会全般

の大人の文化を熟知しているわけではなく，子どもには「通訳」が難しい事柄が存在することは，要介護者である親からも忘れられる場合がある。

　コーダに限らず，知的障がい，精神障がい等のケアにおいては，ADL（日常生活動作：Activity of Daily Living）やIADL（手段的日常生活動作：Instrumental Activity of Daily Living）の遂行を援助するには，要介護者の認知の特性を把握したうえで，要介護者の意図と，周囲の固定観念に基づいた対応との間の「通訳」がケアラーに求められる。その際，そこにはケアラーの意図も関与するので，きわめて複雑な場面となる。

　認知や言語表出の特性が他の人たちと異なる場合は，社会生活を営むうえでは，その特性を把握している人たちが「通訳」の役割を担わざるを得ない。そして，「通訳」はSFA（社会生活力：Social Functioning Ability）と呼ばれている生活全般の事柄に関わってくる。特に認知機能に障がいがある親と暮らすヤングケアラーは，ADLやIADLの介護や代行等，できないことを援助するだけではなく，できるように支援したり，話を聞いたり，話を切り替えたり，諭したり，教育的に関わったりするといった一連の役割の全てを担っている例がある。まさに介護職や看護職，カウンセラーやソーシャルワーカー，リハビリテーション従事者等が果たしている社会的な役割でもある。

　コーダの研究からは，たとえば聴覚障がいのある親に対して銀行員が使う「ローン会社」や「利子」という言葉の説明が，子どもには難しく，「通訳」するときに戸惑った例が挙げられている（渋谷，2009）。同様に，聴覚障がい以外の認知障がいのある親の子どもにとっては，金融関係，医療や福祉機関等に対する様々な交渉の通訳等には困難を伴うと思われる。

　以上は障がい者の視点からみれば，障がいのある人が社会生活を送るうえで不可欠とされるSFAに関わる事柄であり，「障害を持つ人が親としての役割をこなすための自立とサポート，機会の平等の問題として，さらには，家族そのものを中心に据えた全体的なサポートの問題」（渋谷，2009）として論じられるべきものでもある。ヤングケアラーの問題は，社会が子どもや障がいをどのように捉えているのかに関連した問題である。

　ヤングケアラーは，ケアを担うことをとおして，親の認知や症状の特性とそ
れらへの対処法を，体験知としては豊富に持っている。それゆえ，社会生活を
営むうえで必要とされる社会的な交渉場面においては，周囲も親も「子ども＝
ケアラーだからわかるだろう」と，ヤングケアラーに「通訳」の役割を全面的
に依存してしまう場面が生じる。

　その反面，家庭内のケアについては，具体的な手助けを提案する以前の段階
で「子どもなのにそんなことをさせられて可哀そう」などと，「親の犠牲者＝
ヤングケアラー」として周囲から親子ともに無力で不適応な存在として扱われ
たりする。また，「子どもなのにそんなお手伝いができて，良い子，えらい子」
として，お手伝いをする子ども扱いを受ける。

　このように，認知障がいのある家族のケアを担うヤングケアラーたちは，社
会や周囲の過剰期待と過小評価の揺らぎから生じる違和感や不協和音のなかで，
大人のような責任と役割をもったケアをこなしているのである。

6　教育現場とヤングケアラー

（1）ヤングケアラーというカテゴリー

　ヤングケアラーの役割を担う子どもは「親子関係の逆転」「不登校などの教
育問題」「社会的な孤立」「低所得や貧困」「人格の形成」「就職問題」等の影響
を受けるとされているが，最も深刻な問題は，ケアに費やす時間的な拘束によ
り，教育の権利が奪われることである（三富，2000）。

　しかし，以上の知見は専門家が臨床場面で接触した少数の深刻な事例からの
分析結果であり，一般化することはできない。また，ヤングケアラーといって
も背景は様々であり，要介護者の障がいや疾病の種別や程度，発生した時期や
年齢，世帯の家族構成や経済状況，提供されてきた医療や福祉サービスの質と
いった要因を無視して全てを障がいに関連づけることはできない。さらに，マ
イナスの影響ばかりが強調されがちであるが，介護を担うことによって障がい
や疾病に対する多くの対処法を学んだり，医療や福祉サービスについて熟知し

たり，家族の長所や愛情に気づいたり，優しさを育んだりというプラスの側面があることにも注意を払うべきである。年齢に不釣り合いな責任や役割を長期間担うことで生じてくるマイナス面へのサポートは重要であるが，多くの識者が指摘するように，プラスの側面やケアを担わざるを得なかった障がい以外の要因を無視するべきではない。

　支援対象として「ヤングケアラー」というカテゴリーが登場したことにより，家族全体への支援と，ケアの担い手の権利を再考するという問題提起に結びついたという側面がある反面，親の障がいや疾病が全ての原因とみなすようなカテゴリー化やレッテル貼りが生じやすくなるというマイナス面が生じることにも注意を払うべきである。

　一方，「ヤングケアラー」という支援対象が新たに「発見」されたことにより，医療・福祉従事者や政策サイドの家族支援モデルの変容が促されたことは重要である。家族を無償の家庭内のケアの提供者とみなしたり，専門家が行う医療や福祉サービスやリハビリテーションの共同治療者や協力者という位置付けで，専門家主体の役割を補完する存在とみなしたりする観点から，「ケアを受ける権利」と同時に，「ケアを拒否する権利」主体として家族を捉えるモデルの構築に影響を与えたという側面がある。障がいと子どもに対する社会の固定観念が，障がい者やケアラーの社会生活を妨げる要因となっており，障がい者とケアラーを含んだ家族全体への支援や権利保障の必要性という観点を普及させる一翼を担ったと思われる。

（2）ヤングケアラーとの出会いから

　筆者は，スクールカウンセリングや大学の援助専門職の養成教育の現場でヤングケアラーと呼ばれるような状況の児童や青年期の人たちに，たびたび接触してきた。また，精神科デイケアの現場等でも，認知症の親の介護をしながらデイケアに通っている青年後期の精神障がい者に出会うことがあった。

　ただし，前述してきたとおり，一口にヤングケアラーといってもその状況は様々であり，ひとくくりにはできない部分がある。ヤングケアラーがケアの担

い手となる年齢は12歳以下といわれており，イギリスの調査結果と近年の日本の調査結果はほぼ同一の傾向を示している。教育現場においてスクールカウンセラーが出会うのはこのようなタイプのヤングケアラーであり，ものごころがつく前から家庭内の介護の担い手になった子どもたちである。

　親の状態で目立ったのはアルコール依存症や精神疾患である。アルコール依存症については，従来「アダルトチャイルド」と呼ばれて，両親のうちどちらかがアルコール依存症の問題を抱えた家族環境で育った子どもが，大人になってからも対人関係における心理的な問題を抱えている状態を指していた。そして，後には，機能不全家庭で育った子どもたちが大人になってから様々な心理的な問題を抱えるに至った状態を指すようになった。

　支援対象としてアダルトチャイルドというカテゴリーがつくられた際には，心理的なサポートが重視されていたのに対して，ヤングケアラーというカテゴリーがつくられた際は，当初は家庭介護を担う子どもの教育権の保障という観点から，主な目的は子どもの家事や介護の負担を軽減させることにあった。そして後には，障がいや疾病をもつ人とそのケアラーを社会がどう支えていくのか，ケアに対する社会的な支援をどのようにして行うのかという観点から，イギリスでは政策の変化を促したと同時に，医療福祉職が無意識にもっていた家族支援モデルの変容を促した。

　慢性精神障がいの親の家庭内の身辺ケアを担う子どもたちは，成長するにつれてカウンセラーやソーシャルワーカー顔負けの支援技術や対処法を身につけるようになることも多い。彼らは家事だけではなく，医療や福祉サービスの手続きや金銭や服薬管理を行い，ときには親自身がそれらのことを少しでも自分でできるような促しや教育を行ったりもする。また，親の話し相手になったり，関係機関に適切な訴えができない場合は親の「通訳」を行ったりもする。さらに，日常生活をスムーズに遂行できないような事態，たとえば精神疾患による幻覚妄想や，二次的な症状としての強迫的なこだわり等についても，ときには話をそらせたり，なだめたりする。また，親が分離不安から退行的になり，頻回な呼び出しや自殺のほのめかしを行うことに対して，振り回されながらも，

状況を判断して，ときには突き放したり，ときには庇護的に振る舞い，根気強く話し相手になったりするなど，教育的な関わりやカウンセラー的役割を臨機応変に行っている。

　それに対して，思春期，青年期から何らかの理由で家族や親族のケアラーの役割を果たすようになった年長の子どもは，ものごころがつく前から家族や親族のケアの担い手になっていった子どもたちとは様相が異なり，親に対する反発や反抗がみられ，衝突が絶えない場合もある。精神障がいを例に挙げれば，壮年期の両親に生じるのは気分感情症，なかでもうつ病が多い。また，身体障がいでは，中途障がいとして生じる身体障がいや，それに伴う抑うつなどの症状が多いように思われる。さらに少数ではあるが，若年性認知症の親のケアラーに出会うこともあった。

　ものごころがつく前から，すでにヤングケアラーとして家族介護の担い手になっていた子どもたちの問題がケアの負担に焦点化できることに対して，思春期・青年期からヤングケアラーの役割を期待された子どもたちにはケアへの拒否がしばしば見られ，そのことが親との間の心理的な葛藤をさらにもたらしている。したがって，ヤングケアラーといっても，自我が確立する思春期や青年期以前と以後では，かなり様相や対応が異なると筆者は捉えている。

　以上については別稿に譲り，ここでは，思春期・青年期からヤングケアラーの役割を担ったり，期待された子どもではなく，ヤングケアラーのなかでも特に深刻とされている精神障がいのある親のケアを，ものごころがつく前から担ってきたひとり親家庭の子どもたちに見られた特徴を，筆者の経験に基づいて以下に整理しておく。

（3）児童・青年期のヤングケアラー

　まず，児童や青年期に共通する特徴として，以下の7点が挙げられる。

　①家事が得意であることが挙げられる。現代の子どもたちは，特別なこととしての「お手伝い」を家事の一部としてしてはいても，家庭内で必要な一連の家事の手順を自分で考えながらこなしていくことは得意とはいえない。財布の

中身と相談しながら食材を選び，それに合わせて食事の内容を決定して料理を
つくるといった一連の作業で手際の良さを発揮するのは，ヤングケアラーたち
である。彼らは「お手伝い」ではなく，日常的に家事全般を責任をもってこな
しているからだと思われる。

　②優しくて気配りができるので，周囲の大人からみれば「良い子」という印
象を与える場合や，逆に，地味で打ち解けにくく「子どもらしくない子」とい
う，かたくなな印象を周囲に与える場合がある。ヤングケアラーは，親のケア
をとおして「通訳」することに慣れていて，親の自尊心を損なわないように，
周囲にも悪い印象を与えないように常に配慮していることから，周囲への気配
りに長けている。同時に，先取り不安による過剰な気遣いや注意がみられる。
そうしないと波風がたって，自分へのケア負担としてかえってくるという経験
があるからだ。しかし，その様子は「良い子」とも「子どもらしくない（過剰
な気遣いをする）子」とも受け取られている。また，それらの周囲の受け止め
に対し，諦観していたり，感覚のずれを感じたり違和感を抱いたりして，周囲
と距離をとったりする場合もある。

　③同年代の子どもたちと話が合わない部分がある。同年代の子どもたちの典
型的な遊びや話題についていけず，あたかも異文化の人たちの話を聞いている
かのような茫然とした様子や，その場から距離をおき上の空といった様子をみ
せる場合がある。彼らからみれば，家事をしたり料理をつくったりできる親に
甘えたり，反発したりする同年代の子どもの様子は，恵まれた子どもの我儘と
感じられるようだ。

　④注意深く人を観察しており，簡単に他人に心を開かない場合がある。彼ら
の状況はしばしば他者の同情を引くが，彼らにとっては，同情されたり褒めら
れたりすることは，親の犠牲者として扱われているようで，親のことを悪く言
っているように感じてしまう。以上は医療や福祉サービスの関係者に対する態
度にもみられるが，これはケア負担に対して有効なサービスを受けられたため
しがないということとも関係していると思われる。

　⑤親の障がいや疾病に関して独学での知識や経験知を豊富にもっていること

が挙げられる。青年期の場合は，経験的な知識と勉学の積み重ねによりかなり正確な知識をもつに至っているが，児童の場合は，「遺伝するのではないか」「地域生活が送れるだろうか」といった不安を感じていたり，周囲の秘密めいた様子や，明確な説明をせず口をつぐむ様子に，不安や怒りを感じていたりする。

　⑥自分のことは後回しにしがちとなり，親へのケアを中心に日常生活が営まれていることが挙げられる。家事以外のちょっとした外出，遠出，自分のための買い物，趣味の時間などのささやかな楽しみをもつことにも抵抗を感じていたり，「自分だけがこんなことをしていていいのだろうか」といった罪悪感があったりする。また，ケアから離れた際に，親の様子が悪化すると，自分のことに専念したせいではないかという自己関連付けがみられたりする。以上は，実際，自分のことを後回しにしないと，家庭における日常生活が回らなくなるという現実的な理由や，将来にわたって自分が親の面倒をみるべきではないかという，社会や親からの価値観に取り込まれているためであったりする。

　⑦不眠，慢性的な疲労，抑うつ感等の心身の慢性的な疲労や不調が続くにもかかわらず，我慢を重ねている場合がある。児童の場合は解離性障害がみられる場合もある。そして，親の心身の不調には敏感なのに，自分自身の体調管理や息抜きは後回しになるという皮肉な結果も生じやすい。

（4）青年期のヤングケアラー

　次に青年期にみられる特徴として，以下の6点が挙げられる。

　①恋愛や結婚，安定した就職に対して回避的であり，断念しているかのように思えることすらある。そのため，チャンスを逃しやすい。その場その場の親のケアに追われているため将来展望がもてず，自分に合った適切な仕事を得る，良い相手と結婚するといった事柄は視野に入っていないと思われる。

　②いつ突然の呼び出しがあるのかわからない，予定がたたない生活を送っているため，仕事や勉学において能力以下のことしかできなかったり，能力以下の選択をしたりしがちである。また，将来の約束ができなかったり，期限が守

りにくかったりする。

③医療や福祉サービスに対する諦観がある。これは親である障がい者が65歳以上の高齢者である場合，年代的に，劣悪な医療や福祉サービスしか受けることができなかった時代に発症したことと関連していると思われる。また，そのなかで親がもつに至った不信感に取り込まれていたりする。さらに，親が医療や福祉サービスを受けても，ケア負担を減らす結果につながらなかったことや，周囲から最も助けてほしかった学童期に支援が受けられなかったりしたことが影響していると思われる。

④入院だけではなく，通所型の福祉サービスや医療機関への通院は，必ずしも親である障がい者にとってもヤングケアラーにとっても良いことではない場合がある。通院通所先では平穏に過ごせても，通院通所させるまでの準備や通院通所の道筋でのケアの負担は変化しないばかりか，増大することがある。通院通所先では押さえられていた親の不安や猜疑心が，帰宅してから堰をきったように溢れだすことがあり，その状況への対応に追われて，日常生活のケアのペースが乱されたりするからだ。さらに，通院通所時は「問題がない」状況なので，医療や福祉の専門職に家での窮状が理解されなかったり，理解されないと思いがちであったりして，援助要請行動がとられなかったりする場合がある。また，通院通所型のサービスに限らず，ヘルパーの派遣等の訪問サービスにおいても，同様の事態が生じたりする場合がある。

⑤ライフサイクルの節目に関わる行事や，各種サービスの切り替えの時期に，親の分離不安や見捨てられ不安が増大する場合がある。卒業論文の作成や就活といった親元からの自立や母子分離をイメージさせる状況は，「子どもが離れていく」「サービスが切られ，生活できないかもしれない」「入院させられるかもしれない」という被害的な連想を引き起こして症状が悪化しやすい。そのため，ただでさえ忙しい時期に追い打ちをかけるように，頻回な訴え，呼び出し，不穏な訴え，自殺のほのめかしなどがされるので，ヤングケアラーの心身の疲労を招きやすい。たとえば，ヤングケアラーが家で卒論の作成に使用していたパソコンを破壊されたり，勉学に集中できないので家のトイレで卒論を作成し

た例もある。

（5）ケアラーとしての学び

　以上は，筆者が障がいの親のケアを担う母子家庭のヤングケアラーたちから
聞いたエピソードから共通点を挙げたものであり，少数の事例であることから
一般化することはできない。

　ただし，大人と子どもの違いはあっても，親の家庭介護を体験した人たちに
は想像しやすい状況ではないだろうか。いつ医療機関や介護サービス機関から
呼び出しがくるか不明な状況で，仕事に専念できず，予定が立たない状況。仕
事や友人との約束をキャンセルしたり，遅刻したり早退しなければならない状
況。常に介護のことが頭から離れず，慢性的な疲労，不眠，状況によって変化
する状態を説明する難しさや理解されない苛立ち，結局のところ誰も助けては
くれないという諦観や反発。慢性的な疲労状態や，通院通所先では平穏でもそ
の準備や帰宅してからの対応に追われる状態。それなりに介護技術が身につい
てくると，家庭での状況が理解されない場合，専門職の対応に対して批判的に
なる状況など，類似点は多くある。

　しかし，プラスの要素も多くみられる。大人のケアラーが介護から多くのこ
とを学ぶように，ヤングケアラーたちも，障がいや疾病についての知識や対応
を経験知から豊富にさせたり，他からみれば些細な前進や，つかの間の平穏と
いった状況下で要介護者の愛情や努力を感じとったり，その場その場の些細な
ことに喜びや幸せを感じたり，信頼できる人との間に長く続く関係を結んで，
温かいコミュニティを形成したりする場合もある。また，社会的な評価や承認
を得ること以上に，今の暮らしの大切さに気づける機会や，かけがえのない瞬
間を豊富にもつことができる。

　以上についての価値付けは様々であろうが，つながりをもちにくい現代のコ
ミュニティでは希少な，価値ある経験である。実は彼らの暮らしからそれらの
ことを学ぶべきなのは援助専門職の方かもしれない。

7 誰もがケアラーになりうる

（1）学齢期のケアラー

筆者は近年，教員免許状更新講習において，教育現場における支援対象としてヤングケアラーというカテゴリーが存在することに必ず言及することにしている。なぜならヤングケアラーへの支援は学童期に行うのが有効であり，長引くと，家族内での役割が固定してしまうと考えているからである。

以上の講習においては3，4年前まで，「自分のクラスに思い当たる児童がいる」と言った教員は数えるほどであったが，この2年ほどは多くなっている。しかし一方では，ヤングケアラーというカテゴリー化により，ヤングケアラーが障がいのある親の犠牲者としてのみ扱われてしまうのではないかという危惧もある。ヤングケアラーというくくりは，支援者のためのものではあっても，そう呼ばれる子どもたちのためのものではない。ヤングケアラーと言われても，「これが私の実情，良いことも悪いこともある日常生活」としか答えようがないのだ。

では，学齢期のヤングケアラーに対しては，どのような対応をすることが望ましいのであろうか。筆者は，以下の2点があると考える。

まず，障がいのある親とそのケアを担っているヤングケアラーの双方が，地域生活を継続するために行ってきた絶え間ない努力に敬意を払う必要がある。

特に要介護者がひとり親家庭であったり，精神障がいのように社会生活を営むうえでの差別や偏見を周囲から受けることが多い障がいの場合は，障がいのある親とヤングケアラーの暮らしはチャレンジと立ち直りの連続で成り立っていることを理解する必要がある。そして，障がい者やその子どもに対してステレオタイプな決めつけをせず，ケアの負担や障がいや疾病に対して社会的な支援との橋渡しをするために，時間をかけて根気強く関わる必要がある。

次に，ヤングケアラーが担ってきた「通訳」の役割を，彼らから学ぶことで

ある。「通訳」の役割をヤングケアラーから学ばない限り，障がいのある親と社会的な支援との橋渡しは失敗する。ヤングケアラーは，親から全面依存されるほどにその技術を習得している場合があり，それらは支援者が親と接触する際の参考となるばかりか，親と社会資源との橋渡しをする際にも有効な対処法となる。

　以上は，端的に言えばヤングケアラーから介護技術を学ぶということであり，そのためには学べる関係を築くことが先決である。何らかの理由で虐待や放置が生じた場合は子どもへの介入をためらうべきではないが，基本的には時間をかけて，上記の態度で関わるべきだと考える。

　筆者らは，障がい当事者とそのケアラーらが参画する，学生や援助専門職の現任者向け研修を実施しているが，その全体像については別稿を参照していただくとして，ここではヤングケアラーとともに作成した教材と，ヤングケアラーの語り部活動を紹介しておく。

　この活動は，援助専門職を目指す学生や援助専門職の現任者向けの研修等で実施してきたものであり，ヤングケアラーの暮らしを素材とした語り部活動のための小冊子も作成している（図10-5）。

　この冊子は精神障がいのある母親との2人暮らしのなかで，ものごころがつく前からヤングケアラーの役割や責任を担い，成人期を過ぎてからもケアラーの役割を担っている女性を語り部として，精神障がい者家族会や，援助専門職の現任者研修等で語り部活動を行ってきた。反響は様々であったが，印象的だったのは，彼女の語り口調が多くの人を惹きつけたことである。

　援助専門職現任者からは「カウンセリングを受けているようだった」「障がい者の家庭の暮らしのリアリティをこれほど感じたことはなかった。何も知らなかった」「どのように言ったらよいかわからないが，冷静に暮らしをみていることに驚いた」といった声があった。

　しかし，母親の暮らしのなかで様々な対処法を身につけてきた彼女が，人の話を聞いたり，話をしたりするのがうまいことは予想がつくことである。ただ，本人も周囲も気づいていない，その機会がなかったということだと思われる。

図10-5　作成した冊子の一部

（出所）　語り部活動のための小冊子漫画「統合失調症の母と暮らして──「ヤングケアラー」って何？」

　語り部活動でこのようなリソースが発揮されるとともに，障がい者やそのケアラーの暮らしのリアリティを知り，また，家族が家庭内のケアで蓄積してきた様々な対処法を学んでいくことは重要である。

　試行錯誤のなかでの語り部活動であるが，漫画を描くことが好きな彼女がつくった冊子の一部の内容から，彼らの暮らしのリアリティと，その暮らしのなかにある喜びや悲しみが多くの人たちに伝わり，ヤングケアラーと障がいのある家族の双方が暮らしやすいコミュニティを築いていくことの必要性が認識されることを願っている。

（2）最後に

　少子高齢化時代においては，子どもから高齢者まで誰しもが家族ケアの担い手になりうる。その現象のひとつがヤングケアラーであるが，ヤングケアラーに対して，安易に行ったり，「親子が相互密着している」「依存関係にある」「子どもが親の犠牲になっている」といった批判や決めつけを行ったりするべきではない。また，子どもや障がいのある家族に対して固定観念をもって関わったり，不信感の強い状態で社会資源への橋渡しを強制したりするべきではない。

　ヤングケアラーと一口に言っても，背景に虐待や放置等がある場合は，子どもと家族への介入をためらうべきではないが，本章で述べたような，ものごころがつく前から障がいのある親のケアを担わざるを得なかったひとり親家庭のヤングケアラーに対しては，今までの暮らしとケアに対する正当な評価を行ったうえで関係をつないでいくことが，とりわけ教育現場においては求められる。

　誰もがケアラーになりうる時代，「障老介護」や「老障介護」，「老老介護」「認認介護」，子どものケアラーが身近にいる現在においては，安心してケアラーの役割を社会に委ねたり，ケアラーの意思でケアラーの役割を選択できたりするようなコミュニティが築かれることが重要だと思われる。

第11章
アディクションからコネクションへ
──薬物依存者は刑務所や病院より地域で回復する──

1　薬物依存からの回復施設が近くにできるとしたら？

　芸能人の薬物問題などで知られることの多い「薬物依存」は，アディクション（嗜癖）の一種であり，生活の中で治療することで回復可能な状態であることが，知識として一般に普及してきている。では，あなたが暮らしている家の近所に，薬物依存からの回復施設ができるとしたら，あなたはどうするだろうか。薬物使用者が暴れたらどうしようという不安に襲われるだろうか。自分の子どもが通う保育所や学校での保護者説明会を求めるだろうか。薬物依存からの回復施設がどこかに必要だと頭ではわかっていても，自分の家の近所となると戸惑うのが一般的な反応なのかもしれない。

　では，あなたは実際に薬物依存者に会ったことがあるだろうか。もし会ったことがないとしたら，上記のような不安を抱くのはなぜだろう。薬物使用者が起こした事件や事故等の報道の影響だろうか。薬物乱用防止教育のイメージ戦略の影響だろうか。会ったことがない相手についてのネガティブなイメージをすでにもっていて，会ったことがないからこそ余計に不安が増幅するのだとすれば，そのようなイメージや不安を振り払うのは至難のわざである。あなたの不安を緩和し，イメージを描き替えて，あなたが住んでいる地域に回復施設を作る合意を得るまでに，どのような説明をどのくらいすればよいだろうか。

　筆者は2000年頃から薬物依存者と関わり始め，約20年ほどの付き合いになるが，上記のような恐ろしい依存者に出会ったことがない。回復施設で過ごす彼らは，優しく繊細な人が多く，明るく楽しく振舞うときもあれば，傷ついた心

図11-1　薬物問題についての公開授業のポスター

を正直に語るときもある，とても人間的な人々である。特に回復途上にある依存者たちは，仲間を大事にし，関わろうとする人たちに感謝を示す，とても友好的な人々である。他人に感謝する習慣のない一般人より，ずっと気持ちが良く付き合いやすい。そのため，もし自宅の近所に回復施設ができれば，食べきれない食材や使わなくなった電化製品などを持っていき，必要と言われれば提供するだろうし，食事会に呼んでくれれば参加して遠慮なくご馳走になるだろう。それは自分の親戚や友人，ご近所さんと関わるのと，何ら変わりのないことである。薬物依存者と関わることは，何か特別なことなのではなく，日常生活の中で当たり前のことを当たり前にするというだけのことなのだと思う。

　暴力や殺人はむしろ，家族や親族の間で起きることが圧倒的に多い。薬物使用や薬物依存と結びついて，赤の他人に対して起きる確率はきわめて低い。それでもなぜか，不安がイメージと結びつき，さらなる不安を呼び起こしてしまう。あるいは反対する地域住民が多いと，そこに住み続けるために，合わせざるを得ないということもあるのかもしれない。

この問題は，京都文教大学がある京都市伏見区向島で，まさに今，起きている問題である。向島だけではなく，全国のいくつかの地域で，回復施設建設に対する反対運動が起きている。薬物の問題が人類と切っても切り離せない以上，回復施設は必要であり，地域から隔離して精神科医療機関や刑務所に入れるだけでは，薬の使用を断つことはできても，薬を必要としない生き方を身につけることはできない。それには地域の理解と協力がどうしても必要なのである。

本章では，上記の課題に対して京都文教大学および龍谷大学で行った公開講座・公開授業（図11-1）の内容をもとにしつつ，薬物依存者が病院や刑務所より地域で回復する様子を描き出し，地域でともに暮らすことについて考えていくためのものである。

2 依存症（嗜癖，アディクション）とは？

あなたは何の愛好者だろうか。言い換えるなら，あなたが常用しているもの，心ときめくもの，やみつきになっているもの，時間が許す限り耽っていたいものは何だろうか。

また，他のものではなく，それが選ばれた理由は何だろうか。それは何に役立っているだろうか。仕事や勉強，家族や恋人などと並べたときに，どのくらいの優先順位だろうか。もしそれがない人生を送らねばならないとしたら，どんなことが起きるだろうか。

依存症とは，健康や生活に悪影響があると分かっていても止められない習慣（＝耽溺）のことであり，使用障害である。大きく分けて，①物質依存（アルコール，薬物，ニコチン，カフェイン，チョコレート，食べ物等），②プロセス依存（ギャンブル，買い物，仕事，インターネット，携帯，ゲーム，スポーツ，自傷行為，窃盗・万引き，痴漢等），③関係依存（恋愛，セックス，暴力，権力，コントロール，世話焼き等）の３つがあるとされる。このうち②と③を合わせて，行為への依存と言うこともある。

使用障害とは，以下の特徴を持っている。①依存対象に対する強い欲求（渇

望）があり，それがないと不安になったり，そのことをずっと考え続けたりする（囚われ）。②満足を得るために，開始時間，終了時間，量（頻度）が際限なく増大する（耐性の形成）。③依存対象がないと居ても立ってもいられない，幻覚が出現する，などの離脱症状が出現する。④仕事，家族や友人，以前に楽しんでいた趣味などよりも依存対象の使用を選ぶことが増え，そのために嘘をついたり喧嘩になったりすることがある。⑤依存対象の使用を制限したり，断つことを試みたりしても，失敗に終わる。⑥罪悪感や自己嫌悪などの嫌な気分を紛らわすために使用する。楽しくもないのに（時には泣きながら），使用することがある。

　かつては，興味本位で始め，快楽に溺れていくかのように捉えられていたが，近年では，捉え方が変わってきている。ひとつには，心的外傷，心の病，孤独感，自信のなさ，生きづらさなど，耐え難い心の痛みを緩和するための「自己治療（self-medication）」であるとする考え方が有力になってきている。つまり，快楽の追求ではなく，苦痛の緩和こそが嗜癖行動の本質であるとする考え方である。自分が癒されることを試していく中で，他の対象よりも気分が良くなるものを見つけ出し，それが選び取られる。人の手を煩わせることなく，ひとりで苦痛を緩和できるため，しばらくはそれを使用することで社会生活を送ることができる。

　また，小林桜児（2016）は，依存者が背景にもつ悲痛な成育歴に着目し，「明白な生きづらさ」と「暗黙の生きづらさ」に分類しつつ，選択する依存対象との関連について論じている。小林によれば，依存者は表面的には過剰適応する傾向があるが，本質的には依存対象しか頼ることができず，他者を信じて心を開き，頼ることができない。小林はその状態を「信頼障害」と名付けている。「信頼障害」の状態に陥っている依存者は，自分が抱えている困難やそれにまつわる感情に気付くことができず，言語化することができないため，当然ながら他者に助けを求めることもできない。そのような生きづらい状況を，依存対象を使用することで生き延びてきているが，どこかでその対処法は限界を迎え（依存対象に裏切られ），他者を困らせるような形で表出して初めて，他者

の知るところとなる。その意味では，依存症の症状は依存者が長年にわたり抱え込んできた，極限の生きづらさのサインであるといえる。

　依存対象により苦痛を緩和する行為を繰り返すうちに，脳内では依存対象を中心とした報酬回路が形成されるため，意志の力を越えて依存対象を渇望する状態になってしまう。そのように物事の価値や優先順位が変わってしまうと，家庭や仕事など社会生活上大事なものよりも優先して使ってしまうこととなる。そのため，恋人や家族，同僚など周囲がその問題に巻き込まれて振り回され，困ったり悩んだりすることとなる。

　薬物依存症は，気分を高揚させる薬（覚せい剤，コカイン，MDMA，LSD，カフェイン，ニコチン，危険ドラッグ等）や，気分を抑制する薬（アルコール，睡眠薬，安定剤，鎮痛剤，咳止めシロップ〔ブロン液〕，モルヒネ，ヘロイン，シンナー，大麻〔マリファナ〕等），処方薬などを依存対象とするアディクションである。我が国では他の依存症に比べて，違法薬物への依存症の割合は低いものと考えられるが，刑務所の受刑者の3〜4割は覚せい剤取締法違反者であり，再犯率も65％と高い。薬物依存からの回復には，自助グループに通って正直に語り自分を見つめる，回復施設で薬を使わない生活を仲間とともに1日ずつ積み重ねていく，などの方法が有効であると考えられる。

　依存者と出会った支援者は，まずは一対一の信頼関係を結ぶことを心掛けることが大切である。以前はそれを依存であるとする考え方もあったが，支援者が当事者に依存させることで自身の欲求を満たすのでない限り，今日では不自然に距離を置く必要はないと考えられている。その上で，必要に応じて病院，自助グループ，回復支援施設につなぐのでも良いし，依存症の公開講座やフォーラムなどに足を運んで，当事者の体験談や専門家の講演を聴くことを促すのも良いものと思われる。そのようなことを重ねる中で，依存の背景にある自己の傷つきに気付き，自分の気持ちを表現できるようになり，依存対象以外のもの（＝人）を信じて頼れるようになることが目指される。また，依存者の状態により，依存対象の使用を減らすことが困難な場合は，使用によってもたらされる弊害をできる限り減らすように働きかけることが望まれる（＝ハームリ

図11-2　公開講座の様子
(出所)　『人間学研究』第16号の活動報告に掲載された写真より。

ダクション)。

　ところで，学内での公開講座の際には，京都ダルク，木津川ダルク，京都マックからアディクト(依存者)の皆さんに参加いただき，講義や体験談をお聴きした後で，一緒にグループミーティングを行う(図11-2)。そこでの学生たちの感想として，「薬物依存者とこんなに近くで話をしたのは初めて」「高校までに当事者の体験談を聴く機会はあったが，予防のための話だった。回復についての話は今回初めて聴いた」などの感想が見られる。また，筆者の2，3年次のゼミ生は，ビデオ等で事前学習をした後に実際に京都ダルクに行き，一緒にカレーを作って食べる体験をする。これらをとおして学生たちは，「初めは怖いと思っていたけれど，接してみたら面白いおっちゃんたちだ」という，素朴で自然な感想を持つ。交流したことがないとまるでモンスターのように恐ろしく感じるが，たった一度，そのような体験を持つだけで印象やイメージは変わるものだと実感する。

　以下の節では，実際に公開講座でご講演頂いた木津川ダルク施設長の加藤武士さん（第3節）と，龍谷大学で公開授業をされた石塚伸一先生（第4節）にご登場いただくこととする。

3　ダルクの実践から見えてきた依存者の回復の姿
（加藤武士：木津川ダルク代表）

（1）ダルクとは

　国内における薬物依存者たちの活動は1981（昭和56）年にナルコティクス・アノニマス（Narcotics Anonymous, 以下，NA）が東京で始まり，1985（昭和60）年にダルク（DARC）が設立された。日本の薬物依存者回復の歴史は40年余りしかなく欧米の歴史に比べると経験も浅く乏しい。現在，ダルクは全国に61の運営母体が90施設を運営している。

　薬物依存者の回復プログラムは隔離された場所で行うより，地域社会の中で取り組むことが重要である。日常生活において，さまざまな困難を乗り越える道案内をするためであり，そうすることで，早く社会に受け入れられる有用な一員として歩むことができる。ダルクでの回復率を指摘されることがあるが，誰もが利用できることが一番大切なことであり，回復率は第1の問題ではないと私たちは考える。敷居が低く，間口の広さがダルクの良さである。

　日常，ダルクでは薬物依存からの回復者のみで運営している。いわゆる専門家と言われる精神科医や看護師，精神保健福祉士などのスタッフは基本的にいなかった。当事者活動における意義と成果を理解してくれた支援者たちが一線を踏み越えることなく，当事者活動としてのダルクは守られてきた。これは当事者活動の主導的な立場であるNAに参加することをダルクプログラムの重要な部分として位置づけていたためである。「ダルク」の施設は居場所であり施設内でもNAプログラムが実践されていると言っても過言ではない。また，仲間との共同生活で生活スキルやコミュニケーションスキル，感情との向き合い方など学ぶことも多い。「ダルク」の役目は，薬物を必要としない生き方の基礎づくりと，NAへの参加を定着させられれば目的はほぼ達成する。

それ以上に「ダルク」のミッションは特になかった。かといって何か新しいことをやってはいけないということもない。シンプルであり，自由であるのが「ダルク」なのである。ダルクは薬物依存者回復の手段であって目的ではない。

ダルクは薬物をやめたいと願う仲間が集まる場所であり，その手助けをする場所である。スタッフと利用者の間には支援する者と支援される者との一方向的な関係ではなく，ダルクに集う者として回復経験豊かな者がスタッフとなっているだけで，今日初めてやってきた薬物依存者にも出来る手助けはある。ダルクでは回復に向けた一体感や回復という雰囲気を保つ事を大切にしている。それは，コーヒーカップを洗うことから食事を作ることやパソコンを使っての事務や作業など，助け合いながらのシラフで生きるための共同作業である。最も大切にしていることは，自分自身の体験から得た経験，薬物をやめ続けようとするモチベーション，将来への希望を分かち合う1時間程度のミーティングである。多くのダルクが午前に1回，午後に1回，夜間に地域で行われているNAのミーティングへの参加を基本的なプログラムとしている。このミーティングでは「言いっぱなしの聞きっぱなし」が基本で討論はしない。ディスカッションミーティングやグループワークなども行われている。ミーティングでは他人や社会，政治の話はせず自分自身の事を話す。司会者はある程度プログラムを実践してきた利用者やスタッフが交代で行い，司会者が話題を決める。参加者は車座にみんなの顔が見えるようなかたちで座り，話したい人や指名された人がその日の話題に添って経験を共有する。参加経験の短い者は長期参加者の話から希望を見つけ，長期参加者は短期参加者から回復と成長の気づきを与えられる。

（2）薬物依存は病気か犯罪か

薬物依存症は病気であり，違法薬物使用が犯罪である。病気であるが精神科治療で寛解するわけでもなく，司法で罰を受けて更生できるものではない。精神科医療や刑務所での矯正教育が成功しているというよりは，再発，再犯を止められているのは，入院や逮捕により，身近にいる健康的な他者や支援者との

回復に向けた新しいつながりの中で問題の本質と向き合えたものが再発, 再犯を繰り返さずにいるのではないかと思っている。私たちは, 病気か犯罪かという以上に, これは薬物使用によって引き起こされた問題であり, かつ「解決可能な問題」として取り扱う必要がある。

いわゆる依存者を支援する。薬物を必要しない生き方を支援する必要がある。

薬物を使うに至った背景を見ていく必要もある。生育歴上の困難を経験している場合も少なくなく, 児童虐待や暴力被害の経験者が半数にあったという調査報告もある (東京ダルク, 2007)。こういった子ども時代の逆境的体験 (ACEs) や, その後の健康問題や薬物使用との相関も報告されている。

薬物依存症の治療というより, 薬物を使わない生き方と同時に PTSD やトラウマ体験への治療や支援が必要とされていると感じている。ダルクのミーティングでも一見, 健康的な家族で育ったと思える仲間が学校や家族内でのつらい体験や苦しさ, 寂しさを語ることも少なくない。

また, 子どもの頃からの薬物使用のため, 十分な教育体験もない。ここでも, ダルク利用中に再教育機会の提供や就労に関する支援が必要になってきている。これを踏まえると薬物問題は自己責任というより, 社会や地域, 家族の問題であり, 薬物依存者への対処療法的な支援だけではなく, 安心できる居場所やセーフティネット, 多様な支援を必要としている。

(3) メッセージを伝える回復者たち

1980年代, 日本でダルクプログラムを実践して回復を歩みだしたメンバーが数名しかいなかった時代であったが, 2000年に入り10年以上の断酒, 断薬を続ける回復者も増えた。今日では10年以上の断酒, 断薬を続ける回復者も数十名となり, プログラムに参加する人は日々1000名を超えている。それにより回復者自身の経験から得た知恵や工夫の蓄積が, さらなる回復を歩む者の希望となっている。

回復はV字回復のようにいくわけではなく, 螺旋階段をゆっくり上っていくように回復してゆく。回復の過程での再使用は, 単なる失敗というわけではな

く，そこから学びさらなる回復のチャンスとなれば良い。

　ダルクでは，新しく来た仲間の手助けをすることで「役立たずの自分」から「役立つ自分」になり，その過程において自分自身が癒され，成長していく。回復を共に分かち合えることは，すがすがしいものである。

　また，わたしたちが実践する回復の歩みは形式ばらない自由な中で行われるものである。何時でも相談できるスポンサーや仲間，気兼ねない仲間との夕食や一緒に行く旅行，休日に一緒に映画を見に行ったり，銭湯に行ったり…。そういう日常のつながりにおいて支援するスタッフも今日一日のクリーン（落ち着きある断薬）しかない仲間も共に支え合い，コミュニティに存在することがダルクやNAの良さである。これは，専門の心理カウンセラーやセラピストには真似のできないことである。

　このような回復者の実績が政策にも影響を与え，1999年の精神保健及び精神障害者福祉に関する法律改正により，薬物依存症を精神障害として法律が整備されたことで，ダルクが障害福祉サービス事業所，つまり作業所やグループホームとして運営できるようになった。また，2006年には刑務所においては明治以来100年運用されてきた監獄法が改正され，刑事収容施設及び被収容者等の処遇に関する法律となり，薬物事犯受刑者に対して改善指導の受講が義務付けられ，薬物依存離脱指導が1コマ50〜90分，全12回程度行われるようになった。これには，全国のすべての刑務所にダルクのスタッフが外部協力者として薬物依存離脱指導教育に参加している。現在では，NAのメッセージを受け入れている刑務所も出てきている。元受刑者が刑務所での教育に参加協力していることなど20年前には考えられないことであった。2016年には薬物使用等の罪を犯した者に対する刑の一部の執行猶予に関する法律が施行され，薬物事犯者を刑務所処遇だけではなく，より早く刑務所から出して社会内で依存の改善をするための取り組みが行えるようになった。2年程度の受刑で3〜6か月程度早く出所できるようなった。ただ，保護観察も付き長期の保護観察下に置かれることにもなった。

2009年には，回復者自らが依存症からの回復を知ってもらうためにリカバリー・パレードが東京で行われるようになり，現在では，全国9都市でも行われるようにまでなった。これは依存症など心の病に対する社会の無知，偏見や誤解を取り除き，回復しやすい社会をつくる運動のひとつで，これを行うのは回復者自身の責任であるという思いから始められ回復擁護運動と呼ばれアメリカでも活発に活動が行われている。

（4）ダルクの調査から見えてきたもの

2017年から全国のダルクを対象としたコホート研究が行われ，695名が対象となった。6か月後では利用者の88％が，1年後では利用者の77％が薬物を一度も使わない「完全断薬」を継続しており，当事者が主体となったダルクの活動は，薬物の再使用抑制に大いに貢献していることが示唆された。また，この「完全断薬」を維持していくためには，「利用者同士や職員との関係が良好であること」が必要であるとともに「回復のモデルとなる仲間」との出会いが必要であることが示された。一方，就労率の上昇とともに，生活保護受給率も低下しており，ダルクは，薬物使用の抑止効果のみならず，社会的な回復に貢献もしていることが示された（「民間支援団体利用者のコホート調査と支援の課題に関する研究」嶋根，2018）。この調査で多くの回復者が感じていたプログラムで良く，なるのではなく，フェローシップ（仲間としてのつながり）が回復に大きな要因としてあり，教え諭すような権威的な関わりではなく，ともに歩み分かち合う仲間としてのつながりが重要であることが示された。ただこの調査で忘れてはならないことは，1年後に12名の死亡者があったということ。この死亡者の傾向などから，必要な手立てを行い，ひとりでも薬物により命を落とす仲間を減らしていく必要がある。

（5）地域とのトラブルからのつながり

木津川ダルクのメンバーは，月2回地域清掃作業をしている。ダルクメンバーたちの意思で始めたことである。それは近所のコンビニで何度も万引きを

して，数名が出入り禁止になり，文書にて利用者，職員ともダルク関係者の出入りを禁止するとの通知がきたことに始まる。私はこのことを利用者に説明をした。「仕方ないがＡコンビニは利用しないでほしい。少し遠いところにあるＢコンビニを利用してほしい。そこでも万引きは絶対にしないでほしい」と言った。自分たちの居場所をこうして失っていくことは避けてほしい。私たちはこれまでもトラブルを起こしては居場所や，出入りできる場所を失ってきた。回復の場であるダルクに来てまで利用できる場所を失ってほしくない。そう説明したが，ある仲間はすぐにＡコンビニを利用してしまった。

　今度は店長がダルクに乗り込んできた。「なんで来るのだ…。ほとぼりが冷めるのにも早すぎるだろう」と店長談。私は苦情を聞き，「スタッフが利用者に対して首に縄を付けて買い物に行かせるわけにもいかないし，コンビニで万引きはしない事は当然でコンビニの利用もしない事を伝えました。あとはそれぞれに任せるしかないのです。自分たちは，今日一日，薬物やアルコールを使わない生き方をダルクで手助けしあって実践しているのです」と…。すると店長曰く「えっ！毎朝お酒買いに来ているよ！」と，「そうなのですか，知りませんでした。店長から直接利用者に言ってやってください」とダルクミーティングに入ってもらって，「あなたはお酒を買いに来ているではないか？」と言った。いろいろとあからさまになっていくわけである。そして店長の思いや，万引きでお店がつぶれかねないこと，万引きしていない人も出入り禁止にしている申し訳ない気持ち，いろいろとシェアしてもらった。そんなことがあり，ダルクの万引きをしていない仲間達が，「自分たちも木津川ダルクの連中は万引きするような酷い人ばかりと言われるのが嫌だ。少しでも自分たちでできることを地域の人に知ってもらいたい。その為に地域清掃をしたい」ということになった。スタッフも協力して，道具を買い，役所に問い合わせて，清掃ボランティア活動を支援協力して欲しいとお願いに行き始まった。それ以降自分たちが主体的に地域清掃作業をしている。最近では見かけた地域の人たちが，「ご苦労さま」，「ありがとう」と声をかけてくれるようになっている。

　回復を歩む薬物依存者が地域の中で地域の人と繋がっていく。依存問題をダ

ルクのスタッフだけが関わって良くなるのではなく，地域も，薬物依存者を地域で暮らす人として当たり前に関わる。私はコンビニの店長には感謝している。薬物依存者本人に文句を言いに来てくれるわけだから，ほとんどの人は当事者を無視してダルクに苦情を言うか，警察に通報。警察に通報された利用者もいるが，逮捕とならず，警察が万引きをした利用者をダルクに送り届けてくださったこともある。このような人や地域での繋がりがあってこそアディクションから回復していくわけで，隔離された施設や病院に入って数か月後退院して問題なく社会生活が続けていけるのかと言えばそういうものではない。

ダルクの始まりは仲間が仲間への手助けとして取り組んでいたものを社会に伝え，社会で課題として認知され，自治体の施策，制度や税金で支えられ，施設整備されるようになった。しかし，このような公的制度が出来上がり，それでよいわけではない。精神科に入院する必要もない，逮捕されたこともない薬物依存者もいる。どんな人であれ薬物をやめたいという人がいれば，「一緒にやめていきましょう」と言える居場所としてのダルク。しかし，仲間だけの支援だけでいいわけではなく，制度にまかせればいいわけでもない。フォーマルとインフォーマルな支援が共に補完し合うことが重要である。社会の状況に応じて薬物問題とその施策が変わっていく中で，ダルクもさまざまな取り組みと役割を担ってきた。さらに回復者や回復を歩む者の声を聞き，必要な環境が整えられていくことを願うばかりである。

4　依存からの回復と地域社会——回復の場所と時間，そして仲間
（石塚伸一：龍谷大学教授）

京都では，ダルク（DARC：Drug Addiction Rehabilitation Center）のグループホーム建設に町ぐるみの反対運動があり，小学校で開催された校区への説明会では数百人の住民の怒声が飛んだ。北九州でも，ダルクの移転先に地域住民が反対の声を上げ，移転が止まっている。

ダルクは，この30年の間に，薬物依存からの回復を目的とする民間施設とし

て全国に70か所以上も存在し，その名前は全国レベルになったにもかかわらず，隣にダルクがやってくるとなると「迷惑施設」として激しい反対運動にあい，設置を阻まれる。

　かつてのダルクの創世記には，このような話があちらこちらにあった。暴力団や新興宗教，薬物使用施設ではないということを知ってもらえば理解してもらえるという，「地域性善説」で拡がってきたはずのダルクに，何かが生じている。

　まずは，薬物事犯の現状からみてみることにしよう。

（1）薬物事犯の動向

① 日本の薬物犯罪

　犯罪白書によれば，1951年の「覚せい剤取締法」（昭和26年法律第252号）施行以来の同法違反の検挙人員は，1954年の５万5664人を第１のピークに減少の一途をたどった。しかし，高度経済成長期に入ると次第に増加しはじめ，1970年には1000人を超えた。その傾向は止まらず，1976年には１万人台，1980年には２万人台に突入し，1984年に２万4372人の第２ピークを記録する。その後，漸減状態にあったが，1995年から増加に転じ，1997年には１万9937人の第３のピークを記録した。現在はやや減少傾向にあり，2010年は１万2200人である。

　1980年代に，いわゆる「シンナー乱用」で「毒物及び劇物取締法」（昭和25年法律第303号）違反で検察庁に送致される人が３万6000人以上になったことがあるが，今ではほとんどいなくなった。近年，「大麻取締法」（昭和23年法律第124号）違反が増加しているといわれるが，3000人を超えたことはない。

　薬物事犯の検察庁受理件数は１万人を超え，刑務所の受刑者の５分の１が薬物事犯であり，男性では４分の１，女性では３分の１が覚せい剤取締法違反の受刑者である。つまり，日本の薬物事犯の９割は，覚せい剤取締法違反である。

② 薬物犯罪の処理状況

　かつての刑事裁判では，単純な使用や所持の初犯者には１年未満の懲役刑が

言い渡されることもあった。しかし，1990年代になると処理は定型化した。逮捕して3日目に10日間の勾留。勾留を延長してもう10日間。満期日に起訴し，1か月後の第1回公判で結審し，2週間後は判決。初犯なら「懲役1年6月執行猶予3年」，再犯だと「懲役2年の実刑」。逮捕から3か月弱で刑が決まる。

　平均27，28歳で初めて刑務所に入った薬物事犯は，その後，刑務所と「シャバ」を行き来するようになり，薬物依存症者にとって裁判所は「回転ドア」のような役割を果たすようになった。

（2）刑務所での処遇

①　特別改善指導

　1970年代から一部の刑務所では薬物事犯に対する特別の指導が行われていたが，1993年にはほとんどの刑務所でこれが実施されていた。特別の指導といっても，特殊なプログラムがあるわけではない。薬物乱用に対する法的規制や薬理作用について情報提供し，生活を振り返らせて断薬の決意をさせるという型どおりのものであった。

　しかし，次第にダルク（DARC）など自助グループのメンバーである当事者を講師に招くなどの工夫が始まり，2019年現在は，認知行動療法（CBT）を取り入れた薬物依存離脱指導（R1）と特別改善指導が実施されている。

　2007年には，100年ぶりに監獄法を改正した「刑事収容施設及び被収容者等の処遇に関する法律」（平成18年法律第58号）の下で，薬物離脱教育が義務付けられるようになった。

②　簡易尿検査

　1998年から仮釈放中の覚せい剤事犯者に簡易尿検査が試行的に導入され，2004年からは全国的で実施されている。当初は，予告なしの抜き打ち検査であったが，再使用の予防に重点が移行し，予告・定期検査になった。たしかに，検査が陰性であれば，本人の励ましになる。しかし，問題は陽性のときで，保護観察官は，自主的に警察へ出頭するよう説得するが，どうしても応じない場

合は，取締機関に通報する。

　2008年6月から施行された『更生保護法』（平成19年法律第88号）では，特別遵守事項で薬物検査を義務付けることができるようになった。しかし，検査だけを義務付けて監督を強化しても，それだけでは回復の支援にはならない。大切なのは，本人のクスリを止めようという意志である。

　筆者たちは，世紀が変わる頃，厳罰主義に歯止めをかけたいと考え，「ドラッグ・コート」というアメリカの薬物専門裁判所を紹介した。

（3）日米の薬物裁判

①　ドラッグ・コート（Drug Court）

　アメリカでは，1980年代半ば，「薬物との戦争（War on Drug）」のスローガンの下で厳罰主義を展開したため，刑務所に受刑者が爆発的に増え，過剰拘禁に悩むようになった。1980年代末，多くの難民がキューバからフロリダ州に流れついた。そこで，同州デイド郡第9巡回裁判所は，ドラッグ・コートという薬物事犯専門裁判所を考案した。

　禁止薬物の使用または薬物依存に関連する犯罪をおかした者に対しては，専門裁判官が，本人の同意を得て治療プログラムを提供し，その終了までの一定期間（1～3年），裁判所に定期的に出頭させる。プログラムの終了者については刑事手続を終結させ，刑務所への収容を回避するという，ある種の「ダイヴァージョン（diversion）」である。

　重要なのは，薬物依存症が病気であることを認め，回復には処罰ではなく，治療が必要であるという前提理解から出発していることである。プログラム参加中の再使用（relapse）は，回復に至る大切な体験と評価され，プログラムを継続する意志があれば，処罰しない。

②　日本の薬物裁判

　日本の裁判所では，薬物乱用は犯罪である。厳しく処罰すれば，薬物を止めることができる，という考えが大勢を占めている。しかし，薬物問題の最前線

にいる医療や福祉の関係者，矯正や更生保護の実務家，取締りの警察官のなかには，処罰だけでは回復できないとの考えが拡がりはじめている。最近では，「治療的司法／法学（Therapeutic Justice/Jurisprudence）」という考え方に関心をもち，実践する弁護士もいる。

　初犯であっても，すでに依存症になっている人には，裁判は，回復のための絶好の機会である。ところが，初犯者の多くは執行猶予の判決をもらい，何もなかったかのように元の生活に戻っていく。たしかに，クスリを止めるためのプログラムや支援があれ，刑務所に行かない方が回復は容易であろう。しかし，全部猶予に保護観察が付くのは10％にも満たず，初度の執行猶予のほとんどには保護観察は付かない。その原因のひとつに，保護観察付執行猶予には再度の執行猶予が認められないことがある（刑法第25条第2項）。したがって，多くの法律家は，初犯者の執行猶予に保護観察を付けることには慎重である。

（4）日本版ドラッグ・コート構想

　筆者たちは，起訴猶予，執行猶予者および仮釈放の各制度を弾力的に運用し，処遇プログラムと組み合わせることで，薬物依存症者を刑事手続の外で治療し，一定の段階に達した時点で刑事事件としては終局処理する，ダイヴァージョン・プログラムを提案した。

【提案1】　捜査および起訴の段階では，薬物事犯専門の検察官が，起訴・不起訴に関する裁量権を駆使し，被疑者が治療プログラムを選択すれば，起訴を回避する（刑事訴訟法第248条）。当該被疑者は，医療機関で断薬した後，自助グループへの参加が可能な施設に入寮する。共同生活をしながら，治療プログラムの第一段階を事故なく修了すれば，在宅の通所プログラムへと移行する。結果が良好で，プログラムを修了できれば，検察官は事件の終結を宣言する。

【提案2】　公判段階では，被告人みずからが，不法な薬物使用等を認め，治療プログラムへの参加を求めれば，上記と同じように，まずは入寮，次に通所のプログラムに参加することを特別遵守事項として，保護観察付執行猶予の判決を言い渡す。執行猶予期間を事故なく終了すれば，有罪判決は効力を失う。

【提案3】　矯正段階では，実刑判決が確定して，刑務所に入所した被収容者に対しては，服役中，薬物依存治療プログラムを提供し，一定の段階に達すると，仮釈放を許可する。その際，プログラムへの参加を遵守事項とし，外部の入寮施設でのプログラムに移行する。さらに回復が進めば，通所のプログラムに移行し，刑期満了まで事故なく過ごせば，刑期は満了する。

　刑法第29条は，有期の自由刑については，刑期の3分の1を経過すれば，仮釈放を許可することができるとしている。これは，おそらく世界で最も早期の仮釈放を認めた規定であろう。地方更生保護委員会は，治療プログラムへの参加の意志とその準備のある薬物事犯受刑者には，原則として，刑期の3分の1で仮釈放を許可すればよい。

　このように大胆なダイヴァージョンを導入するためには，多くの法律家が「薬物依存症は病である」という認識を共有することが必要であろう。そのためには，法科大学院，司法研修，継続研修など，法律家の養成過程で，薬物問題に関する研修プログラムの受講を義務付けることが必要であろう。

　その受け皿を提供するためには，地域社会に根差した（community-based）処遇の中核施設が必要である。都道府県単位で「自立更生促進センター（仮称）」を設置し，そこを拠点として回復プログラムを開発し，人材を養成する。地域の自助グループや支援組織に対する人的および財政的な支援も必要であろう。

　最も重要なポイントは，プログラム参加中の再使用を，回復のプロセスにおける重要な体験と位置付け，刑事訴追をしないということである。この条件が充たされれば，簡易薬物検査の義務化が検討されてもよい。筆者たちは，この構想を「日本版ドラッグ・コート」と名付けた。

　筆者たちの試算によれば，これまで薬物問題の処理に1866日，約1300万円かかっていたコストが，【提案1】では，383日，約360万円（約28％），【提案2】では，472日，約420万円（約33％），そして【提案3】では，1866日，1033万円（約80％）で問題を解決できる。

　日本版ドラッグ・コートは，財政的にも「割に合う」政策である。

（5）日本版ドラッグ・コートを超えて

　筆者たちが「日本版ドラッグ・コート」構想を提案し，アメリカのように大胆なダイヴァージョンを導入すべきであると提案したところ，これに類似する施策が講じられるようになった。

　たとえば，2016年6月から始まった「刑の一部執行猶予」制度（『刑法等の一部を改正する法律』〔平成25年法律第49号〕および『薬物使用等の罪を犯した者に対する刑の一部の執行猶予に関する法律』〔平成25年法律第50号〕）において，裁判所は，以前に禁錮以上の刑に処せられたことがない者や禁錮以上の刑の執行終了日から5年以内に禁錮以上の刑に処せられたことがない者等に対しては，3年以下の懲役または禁錮を言い渡す場合，犯罪の軽重および犯人の境遇その他の情状を考慮して，再び犯罪をすることを防ぐために必要であり，かつ相当であると認められるときは，1年以上5年以下の期間，その刑の一部の執行を猶予することができる。また，猶予期間中に保護観察を付することもできる。薬物事犯については，禁錮以上の刑の執行終了日から5年以内の場合であっても，裁判所は，薬物使用等の罪等について言い渡す3年以下の懲役または禁錮の刑の一部の執行を，保護観察付きで，猶予することもできるようになった。

　2016年6月から2017年5月末までに「刑の一部執行猶予」を適用した判決が1年間に1596人の被告人に言い渡された。そのうち9割超が薬物事犯であった。

　このように徐々にではあるが，日本の薬物依存対策も，厳罰主義から治療や福祉に重点が移動しつつある。

　しかし，新たな問題もクローズアップされてきた。現行制度の下では，回復をめざす参加者が，再使用すると，即座に犯罪として処罰するので，プログラムが頓挫してしまう。このことが，構想実現の大きな妨げになっている。

　そこで，筆者たちは，薬物の単純使用を非犯罪化（decriminalization）し，使用目的の少量の所持については非刑罰化（depenalization）する。多様な薬物の乱用から生ずる有害な結果を予防するための新たなプログラムを提案することにした。

（6）わたしたちの失敗

いま，筆者は，「薬物依存は，犯罪ではなく，病気である」とのスローガンの下，薬物事犯を刑務所に入れず，病気として治療するという筆者たちの主張が，薬物依存者への「偏見」を生み出してしまったのではないかと反省している。

薬物依存について専門的知識のない地域社会の住民たちにとって，薬物依存者とは，危険な犯罪者であり，何をするかわからない病人のように思われてはいないだろうか。

ダルクなどの回復施設に集まっている人の多くは，自らの意思でここに辿り着き，依存症から回復したいと考えている人たちであるにもかかわらず，薬物事犯はすべて病気，薬物依存症者はすべて犯罪人と思われているのである。この二重の負のレッテルを剝がすためには，2倍の努力が必要になる。この厚い壁が，回復に向かって努力している人たちを孤立化させる原因になっている。

他方で，違法薬物等を使った場合に薬物事犯になるにもかかわらず，回復者は，依存性のある麻酔薬物を摂取しただけで「再発（relapse）」とされる。薬物事犯ではない違法行為をしても，薬物事犯の再犯とされてしまう。

そして，一部執行猶予で回復施設を制限居住地としていても，プログラムが義務付けられているわけではない。他に身元引受人がいれば，いつでも出て行くことができる。

『平成29年版犯罪白書』（第5編／第2章／第1節／3）によれば，覚せい剤取締法違反の成人検挙人員のうち，同一罪名再犯者（前に覚せい剤取締法違反で検挙されたことがあり，再び同法違反で検挙された者をいう）の人員および同一罪名再犯者率（覚せい剤取締法違反の成人検挙人員に占める同一罪名再犯者の人員の比率をいう）は，近年上昇傾向にあり，2016年は65.8%で10年前（2006年）の57.1%と比べて8.7ポイントも上昇している，とされる。たしかに，一般刑法犯の再犯者率の48.7%と比べて約10ポイント高いといえる。しかし，これは，一般刑法犯の再犯者の割合は5割だが，薬物事犯の再犯者の割合は6割だということを意味している。薬物事犯の多くは，自己使用と単純所持なので，いわゆる「被

害者なき犯罪」で犯罪行為による直接の被害者は存在しない。もちろん，家族等の周囲に人たちに大きな迷惑をかけ，地域社会の健康全体にも有害な影響を与えている。しかし，殺人等の凶悪犯罪や窃盗等のように被害者の見え易い犯罪をおかしているわけではないので，地域社会の安全や安心を害する程度も低いともいえる。

（7）新たな提案

薬物依存からの回復は，トライ・アンド・エラー。失敗から学び，成長していく試行錯誤の繰り返しのなかで回復が進んでいく。回復には，言語あるいは非言語によるコミュニケーションが不可欠である。安全が確保され，安心できる地域社会のなかで生きていくことは，回復の前提条件である。回復のためには，薬物の乱用や依存に対する偏見の克服が必要である。

そこで，筆者たちは，新たな提案をしたい。

【新提案】 本人の同意を得て，学校・職場・保健所などで簡易薬物検査をする。検査結果については，守秘義務を負う医師等を通じて本人に告知する。陽性の疑いのある人には，薬物に関する基礎知識と回復の筋道に関する情報を提供する短期研修プログラムの受講を促し，自助グループや受け入れ医療機関などを紹介する。このスクリーニングによって，研修プログラムに参加しても，当事者が法律的および社会的な非難を受けることがないように保障する。そのために薬物の単純使用を非犯罪化する。

一般人を対象とする薬害啓発活動と厳罰主義を中心とする一次予防（一般予防）と薬物乱用者やハイリスクグループを対象とする取締りと治療からなる２次予防（特別予防），この２つの予防策の間にいるグレーゾーンの人たちに研修や回復のプログラムを提供し，その自主的参加を促す試みである。これを「1.5次予防」（早期予防）と呼ぶことにした。

この３つの次元での予防政策を戦略的に配置することで，薬物の乱用・依存・中毒，さらには感染症や家族への二次被害の予防をめざすことが新たな提案の目的である。

　従来の薬物対策では司法が偏重され，医療や福祉が軽視されてきた。そのアンバランスが刑事司法の過剰負担をもたらし，治療の停滞をもたらした。この桎梏から脱却するためには，大胆なダイヴァージョンを導入し，刑事司法の負担を軽減するとともに，資源分配のバランスを回復することが必要である。具体的目標は，刑務所人口の削減，保護観察の医療化と福祉化によって，刑事司法の介入を可及的に縮減するとともに，依存症者の処遇の重点を地域社会に移すことに向けられている。同時に，刑事司法からダイヴァートされた人たちの受け皿を整備する必要がある。回復の主体は，当事者自身であり，その仲間たちで構成される自助グループである。福祉・医療・司法などの関係者は，その分別ある支援者でなければならない。

　筆者たちはこれまで，一次予防の強調がもたらす弊害を除去するために，二次予防の拡充をめざす「日本版ドラッグ・コート」構想を提案した。そしていま，単純使用の非犯罪化と予防的薬物検査を活用した「1.5次予防」（早期予防）構想を提案している。薬物乱用について「灰色」の段階でプログラムを提供し，依存や中毒に至る前にそのリスクを軽減する。これは，早期の介入と予防によって薬物乱用による被害を可及的に逓減させることを目的とする「インジャリー・プリヴェンション（injury prevention）」型の薬物対策への視座の転換ともいえる。いまだ構想の域を出ないが，検討の価値は十分にあると思う。

　政府の薬物対策は，居場所（住宅）と出番（仕事）を提供することを目標としている。いわば，居住の「空間」と労働の「時間」，しかし，孤立の病理である「アディクション（addiction）」に「仲間」との「コネクション（connection）」を提供できるのは，家族や友人，自助グループや地域社会である。

5　アディクション問題に触れると誰もが生きやすくなる

　ここまで，依存者の側からアディクション問題をみてきたが，地域の人からみて，この問題に関わることは何かメリットがあるだろうか。なぜ自分たちがかかわらなければならないのか，としか思えないとしたら，それは対等ではな

いからだろう。

　冒頭で述べたように，筆者自身は薬物依存者をはじめとするアディクトに17,18年かかわってきているが，アディクションの文化にふれることで筆者の方が救われていることが何点かあるので，最後にそのことについて述べたいと思う。

　1つめには，「平安の祈り」というものがある。「神様，お与えください。変えられるものを変える勇気を，変えられないものを受け入れる落ち着きを，その2つを見分ける賢さを」というものである。神様というのは，何かの宗教である必要はなく，自分自身の力を超えたところで働く大きな力のようなものと考えればよいだろう。臨床心理学の領域で，最近，アクセプタンス＆コミットメントセラピーと呼ばれる，第三世代の（認知）行動療法が取り上げられることがあるが，自身がおかれている状況を「アクセプトし（＝受け入れ）」ながらも「コミット」し続けることで，悪循環から抜け出し，望んでいる人生を実現しようとするその姿勢は，平安の祈りと近いものがあるように感じられる。人が深い悩みを抱えたときに，どのような心持ちで日常をやり過ごせばよいかを教えてくれる，究極の言葉であるように思う。

　2つめは，「ありのまま」に生きることが是とされることである。人はしばしば自分をよく見せようとしたり，間違いを取り繕おうとしたり，素直になれずに大切なものを失ったりしがちである。しかし，依存症から回復するには，そういったことに囚われずに，自分の気持ちに気付いて正直になることが必要とされる。淋しさや傷つき，怒りや羨望など，ネガティブとされる感情こそ大切に扱われるべきである。そういった感情を「否認」して突っ走ることが必要なときもあるだろうが，長い目でみれば，自分の気持ちに気付いて正直になり，後悔しないように表現できることは，人間関係を豊かにするための極意であるように思う。非依存者より依存者の方が，このことに向き合う力は長けていて，本当に正直に自分の気持ちを語り，質の良いコミュニケーションを築いているように感じられるときがある。

　3つめは，間違いをおかしても，どんな状態になっても，やり直す気持ちさえあれば，何度でも受け入れてもらえるということである。筆者について言う

ならば，たとえ大学をクビになって，富も名誉も失って誰も相手にしてくれなくなっても，ダルクの扉を叩けばきっと受け入れてくれるだろう（たぶん）。アディクション文化は，そのような安心感を与えてくれる心のセーフティネットとして機能しており，何度でもやり直すことのできる社会の在り方を体現していると思う。

　最後に，依存者のコミュニティは，加害者と被害者，当事者と支援者，先輩と後輩など，本来，立場の異なる者同士が，対等な立場でともに暮らすコミュニティの先駆的モデルであるということである。従来型の地域共同体は，共同体のルールにそぐわない者を排除するか，あるいは当事者が自発的に身を隠すことによって，その安定性を保ってきた側面があるように思うが，実は誰もが多かれ少なかれ課題を抱えていて，生きづらいと感じているものである。自殺希少地域の習慣を表す言葉として「病，市に出せ」というものがあるが，現実に起きている問題をなかったことにするよりも，率直に話し合う方が，多くの人が暮らしやすいコミュニティが実現できるように思う。

　これ以外にも筆者が得たものはたくさんあるが，ぜひ皆さんも関わってみてもらって，アディクション文化のファンになってもらえればと思う。それは人生を豊かにし，生きやすくなる方法のひとつであることに間違いないのだから。

第12章
家族を自死で亡くすということ
——自死遺族からの投げかけ——

1　自死遺族に会ったことがありますか?

　今から10年ほど前までは,自殺という言葉はタブーのように扱われていた。自殺がテーマの講演会でも,タイトルや副題にはできるだけこの言葉を使わないように,参加者を驚かせず,死を望む人が多く集まらないように,つまりは"寝た子"を起こさないように,当たらず障らずの表題が望まれたものだった。

　2019年現在,世情は大きく変わってきている。法律が制定され,自殺の問題は国を挙げて取り組むべき課題となり,地方自治体はそれぞれ自殺対策計画を立てることが義務付けられている。そして10年前は年間3万人を超えていた全国の自殺者数が,2万人台に減ってきている。これだけの短期間にここまでの改革を成しえたのは,自殺で家族を亡くした遺族(自死遺族)が勇気を振り絞って声をあげ,その声を民間の活動家が切実に受け止めて,社会的なアクションを起こしてきたことに端を発している。

　自殺についてのリアリティには,本人が亡くなっている以上,自死遺族から話を聴くことなしには迫ることができない。これまで私たちが属している"世間"は,自殺が起きた家庭で複数の家族構成員が亡くなると,「呪われている」などといって遠ざけてこなかっただろうか。家族が1人自死で亡くなると,その家庭は社会から孤立し,他の家族メンバーも自死のリスクに晒されることは,少し考えれば当然のことだと理解できるのに,なぜそのことに想像が及ばなかったのだろうか。家族が自死で亡くなることを,自分とは別世界の出来事のように考えたり,噂話のネタにしたりして,直接的・間接的に遺族を傷つけてこ

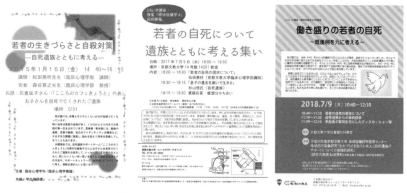

図12-1　自死についての講座ポスター

なかっただろうか。人は孤立すればするほど，大きな苦しみを抱え，心を閉ざし，結果としてますます孤立することとなる。遺族をそのような悪循環に追いやっていたのは，私たち"世間"の側だったのではないだろうか。

　自死遺族は，この十数年で初めて出現したわけではなく，人類史上ずっと社会に存在し続けていたにもかかわらず，声をあげることができなかった。その期間はあまりにも長い。私たちは物理的にはずっと遺族と会っていたにもかかわらず，その心の声を聴こうとはしなかった。聴く気がない人に対して遺族が声を発するわけがなく，心を開くはずもないのである。

　本章は，年1回程度京都文教大学で行われてきている，自死遺族を招いての自殺対策講演会で取り上げた話題を書き起こしたものをベースにしている。遺族が伝える話によって，私たちは人間存在についての真実にふれることができるように思う。

2　わが国の自殺の現状と自殺対策──特に若者について

　わが国の自殺者数は，1997（平成9）年まで，2万〜2万5000人の間を推移していたが，1998（平成10）年に前年の約1.35倍の3万2863人に激増し，以後14年間，3万人以上の状態が続いた（図12-1）。しかし，自死遺児・遺族とそ

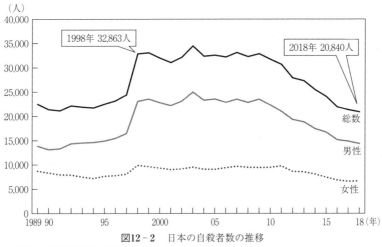

（人）

1998年 32,863人

2018年 20,840人

総数

男性

女性

図12-2　日本の自殺者数の推移

（出所）　警察庁統計をもとに筆者作成。

の思いに賛同する民間団体の活動に端を発して，2006年に自殺対策基本法，2007年に自殺総合対策大綱が制定・施行されて，国を挙げての自殺対策の取り組みが始まった。心の健康問題に限定しない総合対策をとるため，国の管轄部署は厚生労働省ではなく内閣府とされ，10年間で2005年時点の自殺者数の2割減にする（＝激増前の水準にまずは戻す）ことを当初目標とした。たとえば，人が自殺に追いやられる数多くの問題のうち，経済・生活問題の借金に関する問題は，社会的に対策を講じやすいものであると考えられ，過払い金払い戻し請求や債務整理など弁護士・司法書士等専門職の活動もあってか，2005（平成17）年に7756人であった経済・生活問題の自殺者数が，2017（平成29）年には3464人と半数以下に減少した（図12-2）。

　2017年の自殺者数は2万1321人（警察庁統計）であり，減少が続いている（図12-1）。たった十数年で自殺者数が3分の2に減り，大きな副作用もなく，さらなる減少が見込まれるという快挙が達成されていることの背景には，国レベルの自殺対策が精神保健的アプローチから総合対策に切り替えられ，行政トップが舵を切る役割を担うようになったことや，地域ごとに自殺対策に取り組めるように予算が確保されたこと，その根拠となる詳細な統計資料が公表される

ようになり入手しやすくなったことなどがある。もちろん，日々の対人援助に取り組んできた現場の支援者たちが，そのようなバックアップを得て活動しやすくなったことも大きいであろう。これまではそれぞれ別個に果たしていた役割が，互いにかみ合ってきたことで，相乗効果を上げるようになってきたのかもしれない。

しかし，手放しで喜べることばかりではない。10代から30代の若者の自殺者数・自殺率は依然として高いままであり，2017（平成29）年は19歳までの若者が567人，20代の若者が2213人，30代の若者が2703人自殺で亡くなっている（警察庁統計）。死因順位では10代から30代までの死因の第1位を自殺が占めており，事故よりも病死よりも圧倒的に自殺が多い（平成29年人口動態統計，表12－1）。割合でいうと，20代で亡くなる人の2人に1人，30代で亡くなる人の3人に1人が，自殺で亡くなっている。

原因・動機別では性・ライフステージにより異なるが，10代の若者では毎年500人以上が自殺で亡くなっており，学校で過ごす時間が長いこともあって学校問題が件数として多い。内訳では特に男子が多く，「進路の悩み」「学業不振」「学友との不和」が多くなっている。20代になると毎年2000人以上が自殺で亡くなり，男性においては「勤務問題」や「経済・生活問題」が増え，その内訳では「就職失敗」「生活苦」「負債」「仕事疲れ」「職場の人間関係」などが増えてくるが，女性も含めると「健康問題」が圧倒的に多く，「うつ病」を含む精神疾患が増加する。30代は毎年3000人前後が自殺で亡くなり，男性においては「経済・生活問題」の「生活苦」「多重債務」「その他負債」，「勤務問題」の「仕事疲れ」「職場の人間関係」，「家庭問題」の「夫婦関係の不和」が多く，女性も含めると「健康問題」の「うつ病」など精神疾患が多い。原因・動機の多くが男性が多いのに対して，「家庭問題」の「子育ての悩み」だけは女性の方が男性よりも多くなっている。

これほどまでに若者が死にたいと感じてしまう社会であるという事実を，私たちはどのように受け止めればよいのであろうか。筆者の身近なところでみられるのは，学生たちの姿であるが，彼らもやはり，貧困や，精神障がいをもつ

表12-1　死因順位別にみた年齢階級・性別死亡数・死亡率（人口10万対）・構成割合

年齢階級	第1位				第2位				第3位			
	死因	死亡数	死亡率	割合(%)	死因	死亡数	死亡率	割合(%)	死因	死亡数	死亡率	割合(%)
10~14	自　殺	100	1.9	22.9	悪性新生物	99	1.8	22.7	不慮の事故	51	0.9	11.7
15~19	自　殺	460	7.8	39.6	不慮の事故	232	3.9	20.0	悪性新生物	125	2.1	10.8
20~24	自　殺	1054	17.8	52.1	不慮の事故	335	5.7	16.6	悪性新生物	174	2.9	8.6
25~29	自　殺	1049	17.5	46.1	不慮の事故	288	4.8	12.7	悪性新生物	269	4.5	11.8
30~34	自　殺	1280	18.6	39.3	悪性新生物	616	9.0	18.9	悪性新生物	262	3.8	8.1
35~39	自　殺	1366	17.8	28.8	悪性新生物	1145	14.9	24.1	悪性新生物	429	5.6	9.0
40~44	悪性新生物	2649	28.5	30.0	自　殺	1628	17.5	18.5	悪性新生物	991	10.7	11.2
45~49	悪性新生物	4764	51.2	34.0	自　殺	1872	20.1	13.4	悪性新生物	1769	19.0	12.6
50~54	悪性新生物	7267	90.5	38.1	心　疾　患	2393	29.8	12.6	自殺	1830	22.8	9.6

（出所）「平成29年人口動態統計」より筆者作成。

　親のケア，障がいをもつきょうだいのケア，親からの虐待，学校での人間関係や学業不振，将来に対する不安など，必ずしも彼らのせいばかりとはいえない様々な課題を抱えている。その中で，自分なりの自己表現（ファッションやサークルなど）をしながら生きる隙間を見つけ，誰も傷つけないように繊細に心配りをしながら生活している。私たちが若かった頃と比べると，彼らは本当に優しく真面目で，精一杯大学生活に取り組んでいるようにみえる。教員の立場では，彼らが少しでも生きやすくなるために，つらくなってきたらまずは自分でそのことに気付いて，早めに助けを求められるようになってもらいたいと考えている。また，彼らが助けを求めてきたときに適切に対応できるように，大人の側は，教え諭すばかりではなく，彼らの話をじっくりと聴く力を身につけたいと思う。

　次に，第3節，第4節で息子さんを自死で亡くしたお父さん2人の体験談を掲載する。いずれも，本学や行政・職能団体等が主催する自殺対策講演会で，実際の体験談や事例提供等をしていただき，貴重な学びをさせていただいている自死遺族の方々である。また，第5節で登場する配偶者を亡くされた遺族（石倉さん）は，「こころのカフェ　きょうと（自死遺族サポートチーム）」を中心として，全国で遺族支援の輪を広げる活動をしてこられている。ぜひこれらの遺族の声にふれていただきたいと思う。

3　息子の遺志を継いで生きる
（杉山　悟：自死遺族）

　私と息子はよく似ている。顔も性格もよく似ている。二人とも，まじめでおとなしく，涙もろい。人づき合いが下手で，社交性に欠けるところがある。しかし，全く違うところがある。私には利己的な面があるが，息子にはそれがない。非常に利他的で，自分のことよりも，まず，他人のことを先に考える。

　そんな息子の一面を示すエピソードがある。息子が小学生の時のことだ。その頃，私はコロという名の小さな犬を飼っていて，毎朝，家の近くの土手の道を散歩させるのが日課になっていた。学校が夏休みの時など，息子が一緒に来てくれる。夏なので，木にはセミがたくさん止まっている。私はそれを見つけると，手づかみで取ってコロに与える。コロが喜んで食べるのを知っているからだ。

　ある日，息子が私に言った。
「お父さん，セミの身にもなってみなよ」

　その時，私は，息子の心のやさしさに感心した。同時に，自分がいかに無神経なことをしていたか，ということにつくづく気づかされた。もちろん，それ以後は，そのようなことはしていない。

　そんなやさしい心の息子であったが，2002年3月14日，大量の薬剤を服薬することによって，自ら命を絶ってしまった。その時息子は19歳，高校3年生であった。これは親にとって全く予期していない突然の出来事であった。

　では，なぜ息子は自殺してしまったのか。実はわからないのである。遺書はなく，日記等もなく，誰にも何も告げずに逝ってしまったので，本当のことは誰にもわからないのである。なお，うちの場合はいじめや体罰など他人の直接の関与はない。

　私は親として，次の2つの要因を推測する。

　1つは不登校の苦しみである。私の息子は高校の1年生と2年生の間は普通

に順当に登校していた。ところが，３年生の１学期に学校に行けなくなってしまった。いわゆる不登校状態になってしまったのである。その年度は出席日数不足で留年となった。だから，2002年３月とは２度目の３年生の３学期だったのである。この年度も出席日数が足りないので，卒業できない。３年生を３度やらなくてはならない。大学への進学どころではない，就職どころではない，卒業さえできない。こういう，自分の進路，進む道が見えてこない，この状況に絶望した，ということが第１に推測できる。

　では，なぜ息子は学校に行けなくなったのか。先生方から聞くところによると，どうも息子は学校の中で過度に緊張してしまうらしいのである。気楽な気持ちで教室の中に居ることができない。息子にとって，学校は居づらい場所になっていたようである。なお，当時通院していた精神科の医師は，この過度の緊張は神経症の症状であるという診断を下した。

　実は私も高校生の時に神経症になった。私の場合は赤面恐怖症という形で症状が出た。教室の中でも電車の中でも，同性に会う時も異性に会う時も，わけもなく顔が紅潮するのである。大都会で電車で通学していた私にとって，この赤面恐怖症は本当につらいものであった。だが，不登校に陥ることなく，無事に高校を卒業することができた。それはひとえにカウンセリングを受けたおかげである。その場で何を話したか，詳しいことは憶えていない。憶えているのは，自分の胸の底に溜まった，親に対する嫌悪感情を残らず吐き出した，ということである。おそらく，カウンセラーは相当の感情転移を受けたであろうが，よく聴いてくれた。

　だから，神経症の苦しみは私が１番よくわかっているはずなのである。それなのに，私は息子の苦しみを十分にわかってやれなかった。本当にすまないと思う。

　不登校問題については，私も妻もよく学習し，対応も心得ていた。学校に行かないのはけしからん，として登校を強要するような態度は取らなかった。行かなくてもいいんだよ，というように許容的な態度で接していた。また，息子の精神的苦痛をやわらげるため，息子に了解をとったうえで学校に対して休学

願いを提出していたので，規則の上では登校する義務はなかったのである。それでも，自分の人生の進む道が見えないということは本人にとって耐えがたい苦しみであったのだろう。

　２つ目の要因は精神的孤立である。不登校状態は確かに苦しいであろうが，人間がそれだけで自殺するとは考えにくい。現に，不登校になりながらも，苦しい中でも何とか生きている生徒はたくさんいる。私の息子も不登校だけで自殺することはなかったであろう。そこにさらに大きな要因が加わった。それが精神的孤立であると私は見る。

　学校に行かなくなった息子は，教師やクラスメートや友達から次第に離れ，精神的孤立を深めていった。人間にとって，孤独と孤立は異なる。孤立とは心が通じ合わない状態をいうのである。だから，孤独はよいが，孤立はよくない。人間は孤立してしまうと，メンタルヘルスが損なわれる。孤立していながらメンタルヘルスを保持できる人間など殆どいない。そして重大なことは，メンタルヘルスが損なわれてしまうと，周囲が差しのべる援助の言葉が心に届かなくなってしまう，ということなのである。

　まじめな息子は，不登校になっても，ゴミ出し，皿洗い，風呂掃除などの家事を分担してやってくれていた。そういうことについては言語によるコミュニケーションがまともに成り立つのである。ところが，息子は自分の感情・思い・欲求などを全く出さない。のみならず，親が話しかけても何の応答もしない。心と心が通じないのである。私も妻も，息子を助けるために毎日毎日，言葉かけをした。しかし，何の反応も返って来ない。毎日の表情を見ていると，朝から晩まで，いかにもうっ屈した表情である。これは神経症ではなく，うつ病ではないのかと思い，私は精神科医に相談してみたが，医師は，はっきりと「うつ病ではない」と語った。今ならセカンドオピニオンに相談するところだが，今となってはどうしようもない。

　なお，息子は身体的には何の病気も障害もない。

　私は息子の自殺の要因として，不登校の苦しみと精神的孤立の２点をあげた。これはほぼ間違いないと見てよい。しかし，私は，「そうか，それなら自殺も

ありかな」と納得することはできない。まだ，何か，自分が気づかないところに要因があるように思えてならない。

　次に，息子の突然の自殺というショッキングな出来事に私と妻がどう対応したか，ということであるが，妻は仏教徒になる道を選んだ。即ち，自殺の翌年，京都の東本願寺で帰敬式に参加し，法名を頂き，仏教徒になった。そして，仏教の視点に立って，もう1度，息子の死の意味を見出そうとしたのである。仏教徒として人生をやり直したとも言える。妻は，後には次のようなことまで言うようになった。

「息子は死んだのではない。息子はもともと仏様だった。我が家にいたのは一時的に滞在していたに過ぎない。元居た所に帰って行っただけだよ」

　では，私はどうしたのか。実は，何もしなかったのである。と言うより，何をすればいいかわからなかったのである。私には仏教はなじまなかった。キリスト教も他の宗教もなじまなかった。結局，私がしたのは酒を飲む，ということである。最低のやり方である。しかし，当時の私には他には何も思い浮かばなかった。つらい時には酒を飲む，実はそれは毎日なのであるが，そうして，かろうじて，ダメになりそうな自分を何とか支えていたのである。

　今では，私も自殺問題についてある程度の知識があり，それに対する対応策も持っているが，当時はまるでなかった。自殺予防について全く無知であったし，まして，事後対応（postvention）となるとまるで知らなかった。世の中の趨勢もそうであった。自殺対策に関する法律は未だなく，行政の施策は殆どなかった。自殺者に対する世の偏見は根強く，従って，自死遺族は精神的にきわめて惨めな状態に置かれていたのである。

　仕事上では一応社会に適応していながら，私生活に戻ると，酒なしではいられない。それも，いい飲み方ではない。楽しんで飲む飲み方ではない。苦しみから逃れるための，酔うための飲み方である。さんざん飲んで酔ったあげく，深夜に大声で泣きわめいたり，グラスを床に叩きつけるなんてことが何度もあった。見かねた妻に「断酒会に行きなさい」と何度も言われたが，その都度私

は言い返した。「まだそんなにひどくなってない。」

　そんな私にも，やがてターニングポイントが訪れる。2012年7月，私は「こころのカフェ　きょうと」という自死遺族の集いの場があることを知り，そこに参加するようになったのである。そこでは，自死遺族がありのままの自分を語ることができる。他の場では言えないことも言うことができる。そこで，初めて，私は本当の思いを吐き出した。弱い自分をそのままに出し，感情を吐露した。何度も泣いた。自死遺族にとって，ここは唯一の「泣ける場」なのである。

　そこに参加を重ね，多くの遺族の方々と分かち合いを続けることによって，私は大切なことを学んだ。他の遺族の方々は，自分の家族の自殺というショッキングなことに正面から向き合っている。それに比べて，私は，苦しさ・つらさ・悲しさから目をそらしていた。酒でごまかしていた。この自分のごまかし，イツワリがわかるようになったのである。それまでの私は，自分を偽っている自分に気がついていなかった。いわば，自己認知に欠けていたのである。しかし，つらいことに正面から向き合うことによって，自己認知が改善された。自分の間違いがわかるようになった。息子の自殺という出来事に正面から向き合うということは，とりもなおさず，自分の心理状態を素直にまともに認める，ということでもあったのである。

　強がる必要はない。悲しい時は素直に泣けばいい。それが回復の力となる。

　参加の翌年，いいことが1つあった。酒依存から脱却できたのである。実は，2013年の夏から今（2019年1月）まで，5年以上，全く飲んでいない。年末年始も飲んでいない。酒に頼ることを止めてから，心が穏やかになった気がする。やはり，酒は人を救わない。つくづくそう思う。

　私は，毎朝，仏壇の前で手を合わせ，息子に向かって「ごめんね」と言う。死ぬほどのつらさ，苦しみの中にあった息子，それをわかってやれなかった自分，何というダメ親であろう。だから，毎朝，謝るのである。

　時々，「なぜ死んだの？」と問う。もちろん，答えは返って来ない。それを

承知で，何度も繰り返す。

「なぜ死んだの？」

　やがて，この問いは，自分自身に対する問いへと替わってくる。

「息子の苦しみがわからず，助けてやることができず，自分よりも先に逝かせてしまった親，こんな自分が生きていていいのだろうか？　自分には，もう，生きている意味がないのではないのか？」

　その時，脳裏には，「こころのカフェ　きょうと」の遺族の方々の会話が浮かんで来た。そうだ，あの人たちも言っていた，自分には，もう，生きる意味がないんだと。自死遺族は，その多くが生きる意味を喪失してしまうのだ。そこから，何とかして，必死で，生きる意味を再び創り直すのだ。人間は生きる意味なしには生きていけない存在であるから。それは，ある意味で人生の再スタートであり，さらに，新たなるアイデンティティの確立でもある。

　そうだ，彼らにならって，私も生きる意味を創り直そう。

　私は再び仏壇に向かう。すると，今度は明確な答えが返って来た。

「僕は死にたくて死んだのではない，本当は生きていたかった，死にたいほど苦しかったのだ」

　私はつくづく反省した。考えてみれば，なぜ死んだのかを問うということは，心の深くに，無意識の内に，自殺は自分の意志で一人で勝手に死んでいくものだ，という偏見があるからなのだ。その偏見がなければ，「なぜ？」という問いは起こらないはずだ。

　私はさらに自己認知を深めなければならない。偏見を捨てて，生きる意味を再構築しなければならない。

　では，今の私にとって，生きる意味とは何だろう。答えは息子の返答の内にある。息子は死にたくて死んだのではなく，本当は生きていたかった。そうだ，「生きたい，生きていたい」という気持ちこそ息子の意志なのである。それに今ごろ気づくなんて，私は何というアホな親であろう。

　心を広げよう，視点を広げよう。自殺問題で苦しんでいるのは自分だけではない。今でも，少なからぬ若者が自ら命を絶っている。その異常な事態が今で

も続いている。彼らは本当は死にたくないのだ，生きていたいのだ。彼らが死なずに済むようになることこそ，息子の願いであり，遺志なのだ。私はその遺志を継いで生きる。彼らを救うために自分にできるだけのことをするということ，これこそ私の生きる意味である。

4　研究開発職であり一児の父親であった息子
（星になった息子の父：自死遺族）

（1）科学とバイクと星を見ることが好きで研究に打ち込んでいた青年

　息子はこの地球という星に生まれ落ちて，36年の滞在期間を終え，宇宙に帰っていった。その息子の人生を振り返ることで，皆さんに何か伝わるものがあれば良いと思っている。

　息子は子どもの頃から科学に興味があり，誕生日プレゼントは顕微鏡や望遠鏡であった。アウトドアの活動も好み，ボーイスカウトに入ったり，大卒時タイの僻地に行ったりして，知らない人とも積極的に交流するタイプであった。大学ではテニスサークルで活動し，そこで出会った女子大の彼女と付き合っていた。プライベートではバイクで全国を回り，野宿しながら旅をした。星を見るのが好きであった。

　学部を卒業時，指導教授と合わなかったようで，地元の関西を離れ東京の大学院に進んだ。その頃，精神的に不安定となり，最初に病院を受診した。

　大学院を卒業した後，就職したが，正月休み中に大学時代から付き合っていた彼女との結婚話をめぐってトラブルとなり，勤務先の寮でリストカットをした。

　その後，音信不通となり居場所が分からなくなったため，私たち両親が預金通帳の記載から，お金の出し入れを行ったATMを突き止め，そこに足を運ぶことを何度か繰り返した。そうしているうちに息子本人に会うことができたが，「もうしばらくしたら帰るから」という本人の言葉を信じて待つことにした。その3か月後に，約束通り帰宅した。それを機に職場を退職することとなった。

（２）結婚し一児の父に──同時にかかる仕事のプレッシャー

　退職と同じ年の５月には彼女から連絡があり，２人はまた交際を始めた。その11月には大手企業の，九州地区にある研究部署に就職した。そして，その翌年に10年近く付き合った彼女とついに結婚した。

　しばらくして精神的な不調のため，妻の付き添いのもと地元の精神科クリニックを受診したが，職場に知られることを恐れ，仮名と実費で受診していた。その際の医師のアドバイスとして，楽しいことをして気分転換するように言われたため，大型連休のたびに沖縄旅行や海外旅行をするなど，夫婦で遊行を重ねた。後日，妻が言うには「旅行中は宿から出ず横になっていることが多かった」そうだ。

　また別の話として，妻は子どもを産みたいけれど，夫である息子はいらないと言っていたようだが，２年後に長女を出産した。その頃，自己申告で産学共同研究に就くこととなり，近畿圏に戻ってきた。

　研究の仕事は得意分野ではあったが，集中して取り組むため，ひどく心身のエネルギーを費すものであった。そのプレッシャーもある中で，赤ちゃんをお風呂に入れようとして手を滑らせて落としそうになったことがきっかけで，夫婦喧嘩となった。その直後に極端なリストカットをし，救急搬送され，その週末から家族で海外旅行に行く予定が取りやめになった。

　そのような経過の中で，妻は子どもを連れて実家に帰ってしまった。そして離婚調停が始まった。調停回数３回で「離婚は不成立」で結審した。ただし調停条項として，妻は夫に月１回娘と面会させること，夫は妻に婚姻費用月６万円を支払うことが，双方に言い渡された。当時，息子の精神状態が思わしくなく，会社に４か月の休職願を提出し，併せて人事担当者に離婚調停が進んでいることを伝えた。

　それから４か月後，娘との面会日を問い合わせても連絡が取れず，落ち込みが激しくなっていた。婚姻費用が払えなかったらどうしようと話したときに，「それなら娘に会わせない」と言われることもあった。それでも，毎月，決まった時期に振り込んでいたので，実際には払えていたのだが，月１回の娘との

面会だけが生き甲斐になっていたので，娘に会えない寂しさに耐えられなかったのかもしれない。2週間ごとの通院をした日の晩に，車の中で自死していた。翌日朝息子の部屋に入ると，「お母さんと行った湖畔の駐車場で死にます」というメモがあり，近くの交番に届を出し，40キロ離れた場所で車を見つけた。

　救急車を呼び，隊員の指示で警察に届け，所定の手続きを済ませた。

　自家用車の中に，娘への「会いたかった，写真で我慢します」「モケ（愛猫）をよろしく」との遺言を残して，私の息子は星になった。

　モケは今も朝晩，老夫婦の枕もとで見守ってくれている。

（3）何が死を選ばせたのか，また周囲は何ができたのか

　精神科ではうつ病と診断されていたが，病気による希死念慮があったと考えられる。大学院時代や就職後に，精神科医療機関，精神保健福祉センター，産業医など，精神科や産業保健関係の医師の診察を受け，長年にわたり家族が同伴して通院したり，相談に赴いたりしていた。それにもかかわらず，病状は改善しないばかりか悪化していき，精神科や産業保健の仕組みが支えになることはなかった。

　また，休職中で，職場復帰することに対して自信を喪失していたと思われる。高度な職務に就いており，実際には仕事はできていたと考えられるが，休職状態からの復帰の不安は大きかったのではないかと思う。ただ，すでに親元を離れて自立し，家庭を持っている息子としては，親にそのような不安を訴えたり，相談したりすることはなかった。

　そして，婚姻費用が払えないと娘に会えないという絶望感が強かったのではないかと思う。亡くなった車の中に，娘の写真が飾られていた。遺書や遺品，残された財産も，ほとんどが娘のためのものであった。かけられていた生命保険を娘の養育費に充てることも，想定していたのかもしれない。

　以上のことから，私には今回の家庭裁判所の下記の調停不法行為があったと思われる。

ⅰ．息子の精神症状を無視（親から提出されていた診断書の担当医師への症状の未確認）

ⅱ．医務室技官制度に則る息子の精神状態確認の不履行

　これらは憲法第32条（家庭裁判所において適切な調停手続きを受ける権利）に反している事は明白である。本調停の委員会での裁定は「調停不成立」で終わらせるのではなく，家事審判規則第138条の「調停をしない場合」とすべきであった。

　私たち両親は，家庭裁判所の既述の違憲行為がなければ息子の自死は起こらなかったと確信して最高裁判所まで上告したが，結果的には敗訴となった。

　厚生労働省の自殺の統計を見ると，30代男性の自死の原因・動機として，健康問題，経済・生活問題，職場問題，家庭問題などが上位に挙げられるが，まさにその通りの結果となってしまった。これらが原因・動機に挙がることがわかっているのであれば，もっと具体的な対策があってもよいのではないか。息子が危機を呈したそれぞれのタイミングで，関わった専門家や周囲の人々が，自分事として捉えてもう一歩踏み込んで支援してくれていたら，展開は違っていたかもしれない。仮に結果が同じであったとしても，社会的に弱い立場になっている状態の人に対して，思いやりを持って接してくれていたなら，遺族の気持ちも少しは安らぐものである。

（4）自死遺族としてのメッセージ

　子の自死について，世間ではよく「親の育て方が悪かったのではないか」「もっと愛情を注ぐ必要があった」などということが言われる。しかし，親からすれば，小さい頃から精一杯息子を育ててきたし，行方不明になれば入出金の記録から全国を探して回り，ケアが必要になってからは通院の同行をしたり，産業医の面談の送迎をしたり，リストカットの緊急対応に走ったり，やれることを最大限やってきているのである。息子が亡くなってからは，両親ときょうだいは心身の調子を崩し，父親である私は声が十分に出せない状態になってし

まった。精一杯生きた結果として心の病を抱えることになった息子は，私たちにとっては何一つ変わることなく大切な息子であり続け，息子を失うことにより，私たちは絶望の谷底に突き落とされた。

　この悲しみが癒えることはなく，悲しみは息子への愛なのだと思う。それを私たちから奪わないで欲しいと願う。でも父親として，息子をひとりの成人男性として，自死の選択を尊重したいとも思う。遺族の苦しみは遺族にしかわからないため，遺族が集える場はどうしても必要である。ただ，遺族でない人も一緒になって，同じ思いをする人が少しでも少なくなるように，誰もが生きやすい社会になっていくように，力を尽くしてくださることを願ってやまない。

5　全国の自死遺族支援・自殺対策に奔走する──「こころのカフェ きょうと」を拠点に
（石倉紘子：こころのカフェ きょうと代表）

（1）「自殺者遺族」になった

　出版物の編集の仕事をしていた夫は，多忙と超過勤務の中で心を病んでいった。精神科病院に入退院し，薬漬けになった夫の姿を見るのは家族としてとても辛い気持ちだった。

　そしてある日，東北地方のある県で，夫は遺体となって発見された。自殺だった。警察からの連絡は受けたものの，親族の意向で葬式に出席することができず，夫に再会したのは遺骨になってからだった。「なぜ自分を置いて逝ってしまったの？」と夫を責める気持ちや，自分が「良い妻ではなかったから」という自責の念，「一緒に死のうって言ってほしかった」など，強く複雑な気持ちに襲われ続け，毎日，大量のお酒を飲まずにはいられなかった。何度も自殺を図り，最後の自殺企図で救急手当を受け，意識を取り戻したときに，枕もとで泣く母を見て，母親より前には死なないことを決めた。

　その後は，働いていた保育士の仕事に復帰したが，夫の死因について職場で言うことができず，「急に亡くなった」などと説明した。

　夫を亡くした10年後に阪神淡路大震災が起こり，仮設住宅に住む方々のため

のボランティア活動に参加した。仮設住宅では自ら命を絶っていく人が多いという現実を目の当たりにした。また，その少し後に自死遺児たちが実名を出した『自殺って言えなかった』というテレビ報道を観た。冊子も出版されたというニュースを耳にした。将来には就職や結婚問題を抱える若い人たちが実名を公表して勇気を出して声をあげている姿を目にし，自分は何をしているのだろうと不甲斐なく感じた。

　そして定年退職後に大学に入り心理学を学んだ。社会に必要ということで学友と一緒に立ち上げたのが，サークル活動「いのち　こころ　死について考える会」であり，その会を発展させたのが，現在，代表として運営している「こころのカフェ　きょうと（自死遺族サポートチーム）」である。遺族になった多くの方々はそのつらさ，悲しさ，苦しさについて語ることができず，人に知られることを恐れ，自分ひとりの胸の内に秘めていることが多くある。同じ体験をした人たちが安心して語ることができる場としての「わかちあいの会」が，当時，最も必要とされている場であることを，大学で出会った多くの学生，社会人遺族から学んだ。

（2）自死遺族と亡くなった方1000人への調査

　「あしなが育英会」の遺児を取材し報道していたのが，当時NHKのディレクターであった清水康之さんであるが，その後，NHKを退職されて「NPO法人自殺対策支援センターライフリンク」を立ち上げた。その活動に私自身もいち早く賛同し，2006年5月には署名活動に参加して10万人以上の署名を集め，同年6月議員立法により制定されたのが「自殺対策基本法」である。

　また，自死遺族500人と亡くなった方500人という意味で「1000人調査」と名付けられた，自死遺族へのインタビュー調査のために，計523人の自死遺族の方々にお話をお聴きした。亡くなった方の生前のご様子や，遺族自身のその後のご様子についてお伺いしたが，初めは遺族が口を開いてくれるのか，つらい状況を話してくれるのかとても不安で，つらいお話をお聴きしている間にこちらがボロボロと泣いてしまうこともよくあった。この「1000人調査」で私が確

信をもって行ったこと，また強調したかったことは，自死遺族に共通の「亡くなった大切な人の死を決して無駄にしたくない，亡くなった人の人としての尊厳を守りたい。そのために役に立つことなら遺族として参加したいという強い気持ちがあったこと」である。

　自死遺族は，悲しくて泣いてばかりいる人たちでは決してない。大切な人は絶対に帰っては来ない，しかし，自分が大切な人を亡くしたからこそ，自分にはしなければならないことがある。こんな参加者と自身の強い意志が後押ししてくれた実態調査である。インタビュー調査で得られたデータを，ライフリンクと調査の趣旨に賛同した大学，研究者，専門家集団を中心とする「自殺実態解析チーム」が分析し，結果をまとめたのが「自殺実態白書2008，2013」である。そこには，自殺に至る危機要因は平均して４つ以上あり，それらが複合して進行し危機経路を形成した末に自殺に至る，ということが報告されている。しかし，自殺がそのようにプロセスとして起きているにもかかわらず対策は連動していない現状があるため，それぞれの危機要因に対応する相談窓口が互いに連携する必要性や，地域ごとの自殺のデータを活用し，地域特性に合わせた対策を立てる必要性について，地方自治体や議員，社会一般に対して訴えていくための報告書としてまとめられた。

（3）自死遺族の想いと生きにくさ

　「こころのカフェ　きょうと」には，大切なお子さん，配偶者，親，きょうだいなどを亡くした方々が，全国から訪れる。そこでは，「なぜ亡くなったのか」「家族のことを思わなかったのか」「育て方が悪かったのか」「もっと褒めてあげればよかった」「あの時に助けていれば」「夢でもいいから会いたい」「朝，目が覚めなければいいのに」など，大切な家族の自死を受け入れられず，自分を責める多くの悲痛な言葉が寄せられる。特に「なぜ」という疑問はほとんどの自死遺族が抱いているが，真実を知っているはずの人はもうおらず，答えのない問いとして遺族を苦しめ続けている。もしかすると亡くなった人自身でも分からないくらい，問題が重なり合って死ぬことしか考えられない状態に陥っ

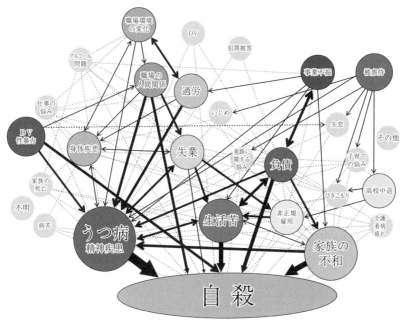

図12 - 3　自殺の危機経路

（出所）「自殺実態白書2008」より。

ていたという可能性が大きい。

　家族の自死に遭遇した遺族の反応は様々である。食欲がわかない，食事をしても味が感じられない，涙が出て止まらない，眠れない，起きても何もできずにボーッとしている，自分も自死してしまうのではないかと不安，何もする気が起きない，などのことがある。日常生活の中で語ることができない場合がほとんどであり，遺族自身が心や身体の不調を抱え，社会的に孤立してしまうことが多い。また，家族内でもその話題には触れられず，互いに孤立し，時には家族がバラバラになってしまうこともある。周囲の方々もかける言葉が見つからず，はれものに触るように接したり，自殺，自死という言葉の生々しさ，
禍々
（まがまが）しさに避けてしまいがちになっていると思われる。自殺した人への考え方として，「弱いから」「身勝手だから」と自己責任のように捉えられたり，また社会的には，自分とは関係のない遠い世界のこととして「他人事」と考えられ

たりすることが多い。そのような，自死した人と遺族に対する誤解や無理解，先入観や偏見が，まだまだ根強くあるのが現実である。遺族自身，自分の身にこういったことが起きるとは考えられなかったと言い，自分もかつては遺族を苦しめるような発言をしていたかもしれないと言う人もいる。

　亡くなった人の生前の生活の中で，家庭，学校や職場，地域，友人，経済などに関して，様々な課題があった場合には，それらの解決にもエネルギーと時間を要する。遺族になった人たちの心の負担を考える時に，直面する問題や将来にわたっての問題など，遺族だけで解決するのは負担が大きすぎるため，次に述べるような支援がどうしても必要になる。

（4）自死遺族支援に必要なこと

　遺族が抱えている問題は複雑で様々であるため，個々の遺族に合わせて支援する必要がある。たとえば，家族が電車に飛び込んで亡くなってしまったという場合，交通機関から賠償金に関する連絡が来ることについて，どうしたら良いのか分からずに相談に来る。また，住んでいるマンションから飛び降りたような場合には，そのマンションとの交渉に直面して困り果ててしまう。不動産会社からの瑕疵物件としての取り扱いに関する請求書が来る場合もある。

　葬儀もわけが分からないうちに執り行い，その間のことは記憶にないような状態の時に，賠償や交渉の話が来るわけであり，大切な人を亡くし，突然のことに呆然としてしまい，思考力や判断力が落ちた状態で話し合いに応じることとなるため，そのような場合には，支援する人は遺族に同行し，まずは遺族が置かれている状況について先方に説明して（もちろん，遺族の同意を得て），理解を得ながら今後の手続きについて話し合いを進めていく必要がある。場合によっては自死遺族支援を専門とする弁護士（自死遺族支援弁護団）に繋いだり，借財がある場合は司法書士会に繋いだり，あまりにも深い悲しみが長く続く場合には，医師にかかることを勧めて付き添うこともある。その他，必要に応じて家庭裁判所・福祉事務所・保育園・保健所などに一緒に行くなどの支援を行う。大切な家族を亡くした直後から，遺族は生活していかなければならないが，何

を手続きすれば良いのか，どこに相談に行けば良いのか分からずに途方に暮れることとなる。そのため，必要としている情報が速やかに伝わるような，窓口の案内や同行，付き添い支援が必要となる。

　また，「こころのカフェ　きょうと」のような場に，相談や分かち合いに来られる遺族はそこで話ができるが，それ以外の家族は，ひとりでその思いを抱えているものと考えられる。たとえば，子どもを亡くした親が相談や分かち合いに来られたとしても，きょうだいの立場にある他の子どもがどのような思いを抱えているかは親の立場では分からず，一緒に分かち合いに来るように誘っても本人が望まないような場合に，その子どものケアはどのように行えば良いのだろうか。相談に来られた遺族の周辺にはさらに 4 〜 10 人の遺族がいるのであり，その家族の生活は続いているのである。そのようなことに思いを馳せながら支援する感性が必要となる。

（5）「こころのカフェ　きょうと」の活動内容と分かち合いの意義

　「分かち合い，語り合いの会（例会）」は，2019年時点で 4 月，9 月，12月を除く毎月第 2 土曜日の13時半から15時半まで，京都府立総合社会福祉会館ハートピア京都で行っている。また，毎月第 1，3 木曜日の13時半から16時まで，京都市こころの健康増進センターでフリースペース（緩やかな分かち合いの会）を実施している。

　分かち合いの意義としては，辛く苦しい体験は自分だけではないことを実感できる，繰り返し話すことで自分の感情を整理できる，人の体験を聞くことで自分を客観的に見られる，泣き，怒り，感情をありのままに吐き出すことで感情をコントロールできるようになる，大切な人は帰って来ないけれど，決して忘れることは無いけれど，今後の人生を歩いて行こうと思える，などのことが挙げられる。

　「こころのカフェ　きょうと」は自殺予防，自死遺族支援，未遂者支援を行っている。具体的には，全国各地での分かち合いの会の立ち上げの支援を行う，講師やファシリテーター派遣などを行うことがある。また，クリスマスで街が

215

賑わう時期は遺族にとって辛い時期でもあるため，毎年12月には遺族交流会とコンサートを実施している。

　行政との共催イベントとしては，毎年9月に京都府，京都市，「こころのカフェ きょうと」，自死・自殺相談センター sotto，学生団体スマイルとの五者共催のイベントを行っており，その他，遺族とともに学ぶ研修会を行ったりしている。

　例会とフリースペースの参加者は，例会延べ1250人，フリースペース延べ1350人で，女性が多く，亡くした人は伴侶，子，親，兄弟姉妹など様々であるが，特に子どもを亡くした方が多い。男性遺族の参加が少ないことは課題である。地元だと行きづらいが遠くだから来られる場合や，地元には行きやすい会が無いから来るという場合などがある。最近の傾向として，亡くした直後から参加される方が増えている。そのほか，研修会や勉強会など様々な活動に参加する中で，少しずつ生きる気力を取り戻していかれる。

　参加者の感想としては，「自分一人ではないことがわかった」「誰にも非難されないので安心して話せた」「遺族がスタッフをしているので安心した」「遺族ではないスタッフがじっくり聞いて涙を流してくれて，わかってもらえて嬉しかった」などのことがある。

（6）「いっしょに生きていきましょう」

　夫の自死は4月であったため，ずっと桜の花を見ることができなかった。あれから35年経ち，活動を通して多くの人と関わり，いろいろな話をしたり聴いたりしてきて，ようやく桜の花を見て綺麗と感じることができるようになった。私を葬式に出席させてくれなかった親族の気持ちも理解できるようになった。ずっと長い間，人間不信・人間嫌いに陥っていたような気がするが，やっとこの数年「人間大好き」と思えるようになった。

　死にたいと望む人や，家族の自死を体験した人が，絶望と命の危機を抱えながらも，一日，一日を生きていけるよう支えるために，私たちは何ができるのだろうか。また，死にたいと願う人が少しでも希望を持って生きていける社会

にしていくために，いったい何ができるのだろうか。この問題に関係している人全員が，総力を挙げて取り組むことで，少しずつでも社会は変わるのではないだろうか。死ななくてもいい社会になるために，智恵を出し合い，実現に向けて行動して行きたい。

　「こころのカフェ　きょうと」が目指すことは，希望を失い，死を選ぶしかなく，自殺してしまう人が１人でも減ること，そして一緒に考え，生きる道を探り，生きる手立てを具体的に考え，提供し，生きていけるように関係機関に繋ぐこと，また，行政にその大切ないのちを支えるべく働きかけること，である。「いっしょに生きていきましょうよ」と言える社会になることを切に願っている。

6　困難を抱えた人の立場に立てる専門職へ

　ここまで，自死遺族の方々の寄稿をご覧になって，読者はいかが思われたであろうか。

　心を病む人と接する仕事をしていると，相談者や利用者の自死に出くわすことは避けられない。遺族と抱き合って泣けたらと思う時もあるが，家族を自死で亡くすことと専門職として利用者や相談者を亡くすことを安易に同一視してしまうことは，遺族を深く傷つける危険性がある。もちろん一緒に涙を流すことで，遺族が救われることもあるだろう。正解はないのだと思うが，焦らずに十分な時間をかけ，機が熟すのを待ちたいと思う。

　遺族の生の声は圧倒的なパワーを持っており，学生や地域住民に与えるインパクトは大きい。自死のリアリティについて伝えることは，多様な異なる立場の人にそれぞれの立場において深い共感を呼び起こすものであり，これまで考えられていたような「寝た子を起こす」ものというより，現実の衝撃によってハッと目を覚まさせられるものであるように感じる。登壇者である自死遺族と主催者である私の関係や，このテーマに向かおうとする姿勢が参加者に伝わるという側面もあるのかもしれない。

　遺族は私たちと同じコミュニティで生活し，同じ電車に乗り，同じスーパーで買い物をしている。遺族ということを知ることがなくても，想像を広げていただけるとありがたい。民生委員さんなど地域住民に関われる立場の方々には，ぜひ日常的な関わりをお願いしたい。

　また，京都文教大学では臨床心理士，公認心理師，精神保健福祉士，保育士などの対人援助職や小学校教諭，中学・高等学校教員など教育者の養成を行っている。青年期の学生たちにとっては，自分自身の人生が思うようにいかず，いろいろな悩みを抱えやすい時期であるため，死にたいと望む人への対応や自死遺族のサポートができるようになることを今すぐ期待するわけではないが，自分たちが目指す職種の枠組みに縛られずに，困難を抱えた人の立場に立って何をすれば良いか考えられるようになってもらいたいと考えている。相談に来ない・来られない人たちが居る場所に，こちらから出向いていくこともぜひ検討して欲しいと思う。自死で亡くなった人の7割が医療・相談機関にかかっていたというデータ（「自殺実態白書2008」）もあること，そして自死が起きる場所としては圧倒的に自宅が多いことなどを，我々は知っておく必要があるだろう。

　勇気を出して公開の講演をしてくださり，また今回，快く寄稿してくださった自死遺族の皆様に感謝するとともに，私たちもこの投げかけを無駄にせずに，様々な場面で実践を重ねていきたいと思っている。

おわりに
——誰もが暮らしやすい地域へ——

　かつての，いわゆる「地縁・血縁」によって結ばれた地域共同体は，居心地の良さと悪さの両面をはらんでいた。私たちは，昭和から平成の時代を経て，比較的干渉されることの少ない生活を実現し，便利さと居心地の良さを手に入れてきたはずだが，まさにその同じコミュニティで，親の子育て困難感が増して児童虐待は増加の一途を辿り，子どもの貧困といわれる状況も問題視されるに至っている。また，少子高齢社会が加速化する中で，認知症高齢者の増加や「老老介護」「障老介護」「認認介護」などの課題も浮上している。そして，薬物依存者や自殺志願者・自死遺族のように，まだ十分に理解されず，地域社会での居場所や行き場が確保されていないと考えられる人々も存在する。森田洋司はその著書『いじめとは何か』のなかで，「いずれの社会においても，経済の繁栄と社会の安定は，人々に豊かな生活をもたらす。同時に人々は共同体の呪縛から逃れ，個人の幸福を希求し始める。近代社会の歩みとは，人々のこの願いを実現するための模索であり，私事化はその願いから生まれた。しかし私事化の流れは，人と人との結びつきを希薄にし，集団や組織や地域社会の共同性へのつながりを弱めてきたことも事実である」（森田，2010：56）と述べている。

　地域社会は時々刻々と変化していき，その構成メンバーは常に新しい課題に直面しつつ，お互いについての認識を更新していくことになるだろう。その意味において「多様性」の尊重と，文化や価値観の違いの受容は，もはや避けて通れないであろう。お互いを排除しようと敵対するよりも，対話を繰り返して理解し合おうと努める方が，同じエネルギーを使うのでも居心地の良さが異なるだろう。

　徳島県に「自殺希少地域」として知られる町があるが，そこでは，独特なスタイルの相互扶助が機能しているとされており，その極意にはいくつかのポイントがあると言われている。まず1つ目として，「病，市に出せ」というモットーに表されるような助け・助けられる相互扶助が機能していながらも，「助

けっぱなし，助けられっぱなし」という，お互いに干渉せずに，恩着せがましくならずに済むような関係の取り方が実践されているということがある。そのため，悩みを抱えたときに他人に助けを求めること・助けられることに抵抗はないが，普段は放っておかれる心地よい距離感が，スタンダードなものとして共有されているということではないだろうか。

　2つ目として，政治は自分が影響を与えうるものとして積極的に発言するということ，「どうせ自分なんか（意見を言っても言わなくても結果は同じだろう）」という考え方をしないことが挙げられる。自分がどのような属性を持っていても，それを恥じたり劣等感を抱いたりして，臆してしまわずに，"自分が生きやすい社会は他人も生きやすいはず"との信念のもと，自己主張・自己表現するのが当たり前という価値観になっているものと思われる。ここには，多様な人が無理なく共生できる仕組みが自然と成立しており，「病，市に出す」ことと連動して作用していると考えられる。このような自殺希少地域モデルを参考にしながら，私たちの住む・働く地域が，誰もが暮らしやすくなっていくことを目指したいものである。

　この本には，京都文教大学がある宇治市槇島地域や伏見区向島地域で実際に行われてきた，誰もが暮らしやすい地域づくりための様々な挑戦が描き出されている。これらが，読者の皆さんが暮らす地域をより住みやすくするためのヒントになれば幸いである。

編著者

引用・参照文献

（第1章〜第5章）

オルポート，W.『偏見の心理』原谷達夫・野村昭訳，培風館，1968年（Allport, W., *The Nature of Prejudice*, Addison Wesley, 1954）。

Butterworth, M. & Livingston, G., "Medical student education : the role of caregivers and families," *Psychiatric Bulletin*, 23, pp. 549-551, 1999.

ギャレスピー＝セルズ，K. & キャンベル，J.『障害者自身が指導する権利・平等と差別を学ぶ研修ガイド——障害平等研修とは何か』久野研二訳，2005年（Gillespie-Sells, K. & Cambell, J., *Disability Equality Training*, arrangement with General Social Council, 1991）。

Ikkos, G., "Engaging patients as teachers of clinical interview skills," *Psychiatric Bulletin*, 27, pp. 312-315, 2003.

岩田直子「障害擬似体験が伝えること——障害理解教育の比較を通して」『沖縄国際大学社会文化研究』9（1），pp. 47-68, 2006年。

北村弥生「厚生労働科学研究 障害者の防災対策とまちづくりのあり方に関する研究」（研究代表者：北村弥生）2012〜2014年。

Livingston, G. & Cooper, C., "User and carer involvement in mental health training," *Advances in Psychiatric Treatment*, vol. 10, pp. 85-92, 2004.

三島亜紀子「障害平等研修（DET：Disability Equality Training）と日本の福祉教育への示唆——イギリスにおける実践の事例」『東大阪大学・東大阪大学短期大学部 教育研究紀要』7, pp. 9-17, 2009年。

Repper, J. & Breeze, J., "User and carer involvement in the training and education of health professionals : A review of the literature," *International Journal of Nursing Studies*, Volume 44, Issue 3, pp. 511-519, 2006.

Stacy, R. & Spencer, J., "Patients as teachers : a qualitative study of patients. views on their role in a community-based undergraduate project," *Medical Education*, 33, pp. 688-694, 1999.

Young, S., "We're not here for your inspiration," *The Drum*, Australian Broadcasting Corporation, 2012.

吉村夕里「当事者が参画する社会福祉専門教育（その1）——精神医療ユーザーと協働

する映像教材づくり」日本福祉文化学会第19回全国大会（平安女学院大学），2008年10月19日。

———「ヒューマンサービスを共通基盤とする援助専門職等の現任者訓練に関わる研究」平成18年度～20年度科学研究補助（基盤研究C）報告書，2009年。

———「当事者が参画する社会福祉専門教育（その1）——精神医療ユーザーと協働する視覚教材づくり」『京都文教大学 臨床心理学部研究報告』第1集，pp. 21-40，2009年。

———「当事者が参画する社会福祉専門教育（その2）——車椅子使用者と介助者と車椅子が存在する場面」『京都文教大学 臨床心理学部研究報告』第2集，pp. 39-64，2010年。

———「精神障害当事者が参画する社会福祉専門教育——精神医療ユーザーとともに行う精神科診療面接場面の質的分析」『生存学』Vol. 3, pp. 210-239，2011年。

———「京都文教大学 プロジェクト科目 障がい者交流センター事業 障がい交流体験報告書」2012年。

———「2017年度 障がい者交流センター事業報告」『人間学研究』18，pp. 75-88，2018年。

（第6章）

三菱UFJ信託銀行「認知症の現在と将来推計」（https://www.tr.mufg.jp/shisan/mamori/dementia/02.html，2019年4月7日）。

内閣府「平成30年度版高齢社会白書」2018年。

———「平成29年度版高齢社会白書」2017年。

二宮利治・清原裕・小原知之・米本孝二「日本における認知症の高齢者人口の将来推計に関する研究」平成26年度厚生労働科学研究費補助金特別研究事業，2015年。

宇治市認知症当事者研究チーム「認知症とともに生きる——認知症の人にやさしいまち・うじの実現に向けて「旅のしおり」と当事者研究活動報告Ⅰ・Ⅱ・Ⅲ」2016年，2017年，2018年。

（第7章）

馬場雄司・八田勘司「笑いのセラピー『大道芸療法』」日本笑い学会編『笑いの世紀』（第2章「笑いと健康」に収録），2009年。

馬場雄司『海辺のカラオケ，おやじのフォーク——高齢社会の音楽をフィールドワーク』風響社，2011年。

広井良典『創造的福祉社会——「成長」後の社会構想と人間・地域・価値』ちくま新書，

2011年。

八田勘司・馬場雄司「自然治癒力を引き出す "笑い" の『ちんどんセラピー』」『コミュニティケア』2004-9，2004年。

八田勘司「ちんどんセラピー」笑い学会第15回大会ワークショップ部門報告，京都外国語大学，2008年。

丸山忠璋『療法的音楽活動のすすめ』春秋社，2002年。

岡崎いきいき活動市民センター「2018 公開シンポジウム　障害者・音楽・地域——障害のある人の表現活動について考える」（シンポジウム総括報告）2018年。

萩原健次郎『居場所——生の回復と充溢のトポス』春風社，2018年。

（第8章）

朝日新聞「『子ども食堂』全国に300カ所　開設急増，半数が無料」朝日新聞デジタル版，2016年（https://www.asahi.com/articles/ASJ6G0PCCJ6FPTFC036.html，2018年10月16日）。

―――「広がる『子ども食堂』，全国2286か所　2年で7倍超」朝日新聞デジタル版，2018 年（https://www.asahi.com/articles/ASL43573TL43UTFK010.html，2018年10月16日）。

―――「子ども食堂，昨年の1.6倍」2019年6月27日，総合4。

林明子『生活保護世帯の子どものライフストーリー――貧困の世代的再生産』勁草書房，2016年。

加藤彰彦『貧困児童――子どもの貧困からの脱出』創英社，2016年。

こども食堂安心・安全向上委員会「こども食堂2,200か所超える　2年で7倍以上　利用する子どもは年間延べ100万人超」ヤフーニュース，2018年（https://news.yahoo.co.jp/byline/yuasamakoto/20180403-00082530/，2018年10月16日）。

厚生労働省「我が事・丸ごと」地域共生社会実現本部『『地域共生社会』の実現に向けて（当面の改革工程）』2017年。

湯浅誠「『こども食堂』の混乱，誤解，戸惑いを整理し，今後の展望を開く」2016年（https://news.yahoo.co.jp/byline/yuasamakoto/20161016-00063123/，2018年11月17日）。

―――『「なんとかする」子どもの貧困』角川新書，2017年。

（第9章）

京都文教大学地域協働研究教育センター「ニューズレターともいき」vol. 12，p. 5，2017年。

————「ニューズレターともいき」vol .15, p. 10, 2018年。

厚生労働省「平成30年（2018）人口動態統計の年間推計」（https://www.mhlw.go.jp/toukei/saikin/hw/jinkou/geppo/nengai18/index.html）。

————「平成29年度地域子育て支援拠点事業実施状況」（https://www.mhlw.go.jp/file/06-Seisakujouhou-11900000-Koyoukintoujidoukateikyoku/kyoten_kasho_31.pdf）

三林真弓「新たな育児支援サービスの提案とその効果」『東京財団研究報告書』2005年。

————「カナダにおける児童虐待とスクールカウンセリング事情」『京都文教大学臨床心理学部研究報告』創刊号，pp. 109-120，2009年。

三林真弓・佐藤歩・溝渕千晴・小林昌幸・梶谷紘花「子育て支援活動『ママさんサポーター』の効果（母親編）──新規活動者と継続活動者による違い」『日本発達心理学会第21回大会論文集』p. 501，2010年。

内閣府「国の取組み　少子化対策」（https://www8.cao.go.jp/shoushi/shoushika/data/torikumi.html）。

（第10章）

青木由美恵「介護を担う子ども（ヤングケアラー）研究に関する文献検討」『ヒューマンケア研究』7（2），pp. 73-78，2016年。

Becker, S. "Young carers," in M. Davies(ed.)：*The Blackwell Encyclopedia of social work*, Oxford：Blackwel, p. 378, 2000.

堀越栄子「南魚沼市におけるヤングケアラーの実態」『一般社団法人日本家政学会研究発表要旨集』68（0），p. 146，2016年。

一般社団法人日本ケアラー連盟ヤングケアラープロジェクト「南魚沼市 ケアを担う子ども（ヤングケアラー）についての調査《教員調査》報告書」pp. 1-33，2015年．（http://carersjapan.com/img_share/yc-research2015@minamiuonuma.pdf）。

岩本晋・堀内隆治・斎藤美麿「在宅介護における認認介護の出現率──組合員2万人及び介護事業所507ヶ所調査結果」『第33回愛知自治研集会 第5分科会 医療と介護の連携による安心のまちづくり』2010年11月5日～7日（http://www.jichiro.gr.jp/jichiken_kako/report/rep_aichi33/05/0519_ron/index.htm）（http://www.jichiro.gr.jp/jichiken_kako/report/rep_aichi33/index_list.htm#05）。

北村弥生・上田礼子・鈴木香代子「遺伝性進行性発達障害児の同胞についての母親の悩みと対処方法──色素性乾皮症の場合」『母性衛生』41（2），pp. 254-259，2000年。

北山沙和子・石倉健二「ヤングケアラーについての実態調査──過剰な家庭内役割を担う中学生」『兵庫教育大学学校教育学研究』第27巻，pp. 25-29，2015年。

きょうされん「障害のある人の地域生活実態調査」2016年。

近藤直司「青年期・成人期の発達障害者へのネットワーク支援に関するガイドライン」
『平成23年5月　厚生労働科学研究障害者対策総合研究事業（身体・知的等障害分野）「青年期・成人期の発達障害者に対する支援の現状把握と効果的なネットワーク支援についてのガイドライン作成に関する研究」（研究代表者：近藤直司）』2011年。

厚生労働省「平成28年国民生活基礎調査の概況」2019年。

内閣府「平成30年障害者白書」2018年。

三原博光・田淵創・豊山大和「障害者を兄弟姉妹にもつ子どもに対する親の思い(1)」『川崎医療福祉学会誌』7(1), pp. 85-89, 1997年。

三富紀敬「イギリスの在宅介護を担う児童」『静岡大学経済研究』2(1), pp. 1-65, 1997年。

―――――『イギリスの在宅介護者』pp. 394-481, ミネルヴァ書房, 2000年。

―――――「介護を担う子どもと支援事業」『静岡大学経済研究』12(3), pp. 23-73, 2008年。

―――――「介護者支援の法律があるイギリス」〈特集 介護と生活, 両立できてる？　家族支援を考える〉『月刊ケアマネジメント』21(9), pp. 11-14, 2010年。

三原博光・田淵創・豊山大和「障害者を兄弟姉妹にもつ子どもに対する親の思い(2)」『川崎医療福祉学会誌』7(2), pp. 293-298, 1997年。

森田久美子「メンタルヘルス問題の親を持つ子どもの経験――不安障害の親をケアする青年のライフストーリー」『立正社会福祉研究』12(1), pp. 1-10, 2010年。

―――――「精神障害の親を介護する子どもに関する研究の動向と展望」『立正大学社会福祉研究所年報』15, pp. 89-106, 2013年。

新村博隆・室田洋子「発達障害児のきょうだいに影響を及ぼす母親のふっきれ感と養育態度(2)――母親の面接調査を通じて」『日本教育心理学会総会発表論文集』49, p. 308, 2007年。

Olsen, R. & Clarke, H., *Parenting and Disability : Disabled Parents' Experiences of Raising Children*, Bristol : The Policy Press, 2003.

Preston, P., *Mother Father Deaf : Living between Sound and Silence*, Cambridge, Massachusetts / London, England : Harvard University Press, 1994 (＝澁谷智子・井上朝日訳『聞こえない親をもつ聞こえる子どもたち』現代書館, 2003年.

澤田早苗・松宮透高「発達障害児・者への支援介入に関する研究――インタビューからの考察」『明治安田こころの健康財団 研究助成論文集』(45), pp. 195-204, 2009年。

芝崎紘美・羽山順子・山上敏子「障害児きょうだいの抑うつと不安について――家事の手伝い・障害児の世話との関連」『久留米大学心理学研究』(5), pp. 75-80, 2006年。

柴崎智恵子「家族ケアを担う児童の生活に関する基礎的研究：イギリスの"Young Carers"調査報告書を中心に」『人間福祉研究』8，pp. 125-143，2006年。

澁谷智子『コーダの世界——手話の文化と声の文化（シリーズ ケアをひらく）』医学書院，2009年。

――――「障害のある親をもつ非障害の子ども——コーダの事例を中心に」『障害学会第4回大会』2007年。

――――「ヤングケアラーを支える法律——イギリスにおける展開と日本での応用可能性」『成蹊大学文学部紀要』(52)，pp. 1-21，2017年。

――――「ヤングケアラーに対する医療福祉専門職の認識——東京都医療社会事業協会会員へのアンケート調査の分析から」『社会福祉学』54(4)，pp. 70-81，2014年。

杉原努・吉村夕里・徳永一樹「65歳に達する障害者への支援に関する一考察——就労継続支援B型事業所「ワンハート」の現状を通して」『心理社会的支援研究』第8集，pp. 47-59，2018年。

田端光美『イギリス地域福祉の形成と展開』有斐閣，2003年。

田倉さやか・辻井正次「自閉症スペクトラム障害児者を同胞にもつきょうだいの心理——障害の程度によるきょうだいの心理過程の比較」『中京大学現代社会学部紀要』1(1)，pp. 45-58，2007年。

土屋葉「『障害』の傍らで—— ALS 患者を親に持つ子どもの経験」『障害学研究』2，pp. 99-123，2006年。

柳澤亜希子「障害児・者のきょうだいが抱える諸問題と支援のあり方」『特殊教育学研究』45(1)，pp. 13-23，2007年。

吉村夕里「発達障害をもつ人への支援の現状と「コミュニティ生成型」のグループアプローチの課題——SST への関与観察をとおして」『心理社会的支援研究』第4集，2013年。

――――「高齢者ケアをめぐる課題——障害者の高齢化と認知症ケアの問題」『心理社会的支援研究』第7集，pp. 43-54，2017年。

（第11章）

指宿信監修『治療的司法の実践——更生を見据えた刑事弁護のために』第一法規，2018年。

石塚伸一「改善指導」本庄武・武内謙治『刑罰制度改革の前に考えておくべきこと』日本評論社，2017年所収。

――――「薬物対策の過去，現在，未来——日本版ドラッグ・コート構想を越えて」浜井浩一ほか編著『犯罪をどう防ぐか（シリーズ・刑事司法を考える第6巻）』岩波

書店，2017年所収。

石塚伸一編著『薬物政策への新たなる挑戦——日本版ドラッグ・コートを越えて』日本
　評論社，2013年。

―――『日本版ドラッグ・コート——処罰から治療へ』日本評論社，2007年。

岩室紳也・松本俊彦・安藤晴敏『つながりから考える薬物依存症——安心して失敗を語
　れる絆・居場所づくり』大修館書店，2018年。

カンツィアン，エドワード・J.＆マーク・J.アルバニーズ『人はなぜ依存症になるのか
　——自己治療としてのアディクション』松本俊彦訳，星和書店，2013年。

小林桜児『人を信じられない病——信頼障害としてのアディクション』日本評論社，
　2016年。

嶋根卓也「民間支援団体利用者のコホート調査と支援の課題に関する研究」2018年（厚
　生労働科学研究費補助金〔障害者政策総合研究事業〕「刑の一部執行猶予制度下に
　おける薬物依存者の地域支援に関する政策研究」分担研究報告書）。

東京ダルク「薬物依存症者が社会復帰するための回復支援に関する調査」2007年。

（第11章関連サイト）

犯罪統計については，法務総合研究所編『犯罪白書』（http://www.moj.go.jp/
　housouken/houso_hakusho2.html）による。

薬物対策5か年戦略およびその加速化プランについては，内閣のサイト（http://www.
　kantei.go.jp/jp/singi/yakubutu/980701yakubutu.html）による。

ダルクの活動については，「アジア太平洋地域アディクション研究所（Asia-Pacific
　Addiction Research Institute：APARI）」アパリ（http://www.apari.jp/npo/）が詳
　しい。

龍谷大学矯正・保護総合センターについては，下記のサイト（http://rcrc.ryukoku.ac.
　jp/）を参照。

（第12章）

警察庁「平成29年中における自殺の状況」（https://www.npa.go.jp/publications/statis-
　tics/safetylife/jisatsu.html）。

厚生労働省「人口動態統計」（https://www.mhlw.go.jp/toukei/list/81-1.html）。

自殺実態解析プロジェクトチーム「自殺実態白書2008」。

（おわりに）

森田洋司『いじめとは何か』中公新書，2010年。

岡壇『生き心地の良い町——この自殺率の低さには理由がある』講談社，2013年。
森川すいめい『その島のひとたちは，ひとの話をきかない——精神科医，「自殺希少地
　域」を行く』青土社，2016年。

索 引

執筆者紹介

（＊は編者，執筆順）

吉村夕里（よしむら・ゆり）第1章～第5章，第10章

　立命館大学大学院先端総合学術研究科（一貫制博士課程）先端総合学術専攻修了（学術博士）。

　現在，立命館大学衣笠総合研究機構生存学研究センター客員協力研究員，武庫川女子大学大学院非常勤講師，京都国際社会福祉センター講師など。

　「電気けいれん療法をめぐる嚙み合わない議論」『こころの科学増刊　急性期治療を再考する』（日本評論社，2018年），『臨床場面のポリティクス――精神障害をめぐるミクロとマクロのツール』（生活書院，2009年）など。

平尾和之（ひらお・かずゆき）第6章

　京都大学大学院医学研究科博士課程単位取得満期退学。博士（医学）。

　現在，京都文教大学臨床心理学部教授。

　『ニューロサイコアナリシスへの招待』（共著，誠信書房，2015年），『臨床風景構成法』（共著，誠信書房，2013年）など。

馬場雄司（ばば・ゆうじ）第7章

　名古屋大学文学研究科史学地理学専攻博士後期課程満期退学。

　現在，京都文教大学総合社会学部総合社会学科教授。

　『海辺のカラオケ，おやじのフォーク――高齢社会の音楽をフィールドワーク』（風響社，2011年），『東南アジアにおけるケアの潜在力――生のつながりの実践』（共著，京都大学学術出版会，2019年）など。

杉原　努（すぎはら・つとむ）第8章

　立命館大学大学院先端総合学術研究科修了。博士（学術）。

　現在，立命館大学生存学研究所客員研究員。医療法人博友会まるいクリニック勤務。

　『精神科病院長期入院患者の地域生活移行プロセス――作られた「長期入院」から退院意思協同形成へ』（明石書店，2019年），「精神科病院長期入院者の退院にいたる変化に関する研究――精神科病院長期入院者が退院支援者からの働きかけによって退院していくプロセス」『京都文教大学　臨床心理学部研究報告』（2017年），『「事例作成」で学ぶ精神保健福祉援助演習』（中央法規出版，2014年）など。

三林真弓（みつばやし・まゆみ）第9章

　お茶の水女子大学大学院人間文化研究科博士課程満期修了。

　現在，京都文教大学臨床心理学部教授。

　『京都発！ニュータウンの「夢」建てなおします』（共著，昭和堂，2015年），「カナダにおける児童虐待とスクールカウンセリング事情」『京都文教大学　臨床心理学部研究報告』創刊号（2009年）など。

＊松田美枝（まつだ・よしえ）はじめに，第11章，第12章，おわりに
　　編著者紹介参照。

〈執筆協力〉

中村周平（なかむら・しゅうへい）第2章第2節
　　現在，NPO法人 ALIZE 代表。

林　義彦（はやし・よしひこ）第8章第3節
　　現在，一般社団法人マキシマネットワーク代表。

林　友樹（はやし・ともき）第8章第4節
　　現在，NPO法人すまいるりんく理事長。

加藤武士（かとう・たけし）第11章第3節
　　現在，木津川ダルク代表。NPO法人三重ダルク理事，龍谷大学招聘研究員，相楽保護司会保護司，
　リカバリー・パレード関西実行委員会委員長，AIDS 文化フォーラム in 京都幹事。

石塚伸一（いしづか・しんいち）第11章第5節
　　現在，龍谷大学法学部教授。博士（法学）。
　　『社会的法治国家と刑事立法政策——ドイツ統一と刑事政策学のゆくえ』（信山社，1997年），『日本
　版ドラッグ・コート——処罰から治療へ（DRUG COURT：from Punishment to Treatment）』（編
　著，日本評論社，2007年），『薬物政策への新たなる挑戦——日本版ドラッグ・コートを越えて』（編
　著，日本評論社，2013年）など。

杉山　悟（すぎやま・さとる）第12章第3節

星になった息子の父　第12章第4節

石倉紘子（いしくら・ひろこ）第12章第5節
　　現在，こころのカフェ　きょうと（自死遺族サポートチーム）代表，NPO法人全国自死遺族総合支
　援センター副代表，NPO法人全国自殺対策民間団体ネットワーク運営委員，京都府自殺対策推進協
　議会委員，京都市自殺総合対策連絡協議会委員。
　　『自殺で家族を亡くして——私たち遺族の物語』（共著，三省堂，2008）。

三宅　陽（みやけ・よう）目次および各章扉挿絵

《編著者紹介》

松田美枝（まつだ・よしえ）

京都大学大学院人間・環境学研究科人間存在基礎論講座修了。
奈良女子大学大学院人間文化研究科社会生活環境学専攻人間行動科学講座博士後期課程単位取得退学。
現　在　京都文教大学臨床心理学部臨床心理学科准教授。
主　著　「地域での発達支援における専門性（その2）──支援者になる過程で身に付けていくこと」『京都文教大学　心理社会的支援研究　第5集』（2015年）。
　　　　「亀岡市における中高年地域住民のメンタルヘルスと自殺予防のための「こころの健診」事業の実際──高度ゲートキーパー養成と並行して」『日本セーフティプロモーション学会誌第8巻』（2015年）。

京都文教大学地域協働研究シリーズ②

多様な私たちがともに暮らす地域
──障がい者・高齢者・子ども・大学──

2020年1月20日　初版第1刷発行　　　　　　　　　　　〈検印省略〉

定価はカバーに
表示しています

編著者　　松　田　美　枝
発行者　　杉　田　啓　三
印刷者　　中　村　勝　弘

発行所　株式会社　ミネルヴァ書房
607-8494　京都市山科区日ノ岡堤谷町1
電話代表　（075）581-5191
振替口座　01020-0-8076

© 松田美枝, 2020　　　　　　　　　　中村印刷・清水製本

ISBN978-4-623-08760-0
Printed in Japan

京都・宇治発 地域協働の総合的な学習

──「宇治学」副読本による教育実践──

橋本祥夫 編著

A5判／232頁／本体 2400 円

京都から考える 都市文化政策とまちづくり

──伝統と革新の共存──

山田浩之・赤﨑盛久 編著

A5判／288頁／本体 3800 円

フィールドから読み解く観光文化学

──「体験」を「研究」にする16章──

西川克之・岡本亮輔・奈良雅史 編著

A5判／348頁／本体 2800 円

キャンパスライフ サポートブック

──こころ・からだ・くらし──

香月菜々子・古田雅明 著

A5判／216頁／本体 2000 円

ボランティア・市民活動実践論

岡本榮一 監修

ボランティアセンター支援機構おおさか 編

A5判／284頁／本体 2400 円

ソーシャルアクション！あなたが社会を変えよう！

──はじめの一歩を踏み出すための入門書──

木下大生・鴻巣麻里香 編著

A5判／248頁／本体 2400 円

──── ミネルヴァ書房 ────

http://www.minervashobo.co.jp/